QUALIDADE DO ENSINO E FORMAÇÃO DO PROFESSORADO

EDITORA AFILIADA

Coordenador do Conselho Editorial de Educação
Marcos Cezar de Freitas

Conselho Editorial de Educação
José Cerchi Fusari
Marcos Antonio Lorieri
Marli André
Pedro Goergen
Terezinha Azerêdo Rios
Valdemar Sguissardi
Vitor Henrique Paro

Dados Internacionais de Catalogação na Publicação (CIP)
(Câmara Brasileira do Livro, SP, Brasil)

Imbernón, Francisco
  Qualidade do ensino e formação do professorado : uma mudança necessária / Francisco Imbernón ; [tradução Silvana Cobucci Leite]. – São Paulo : Cortez, 2016.

  Título original: Calidad de la enseñanza y formación del profesorado : Un cambio necesario.

  Bibliografia.
  ISBN 9978-85-249-2430-9

  1. Ensino – Finalidades e objetivos 2. Ensino – Qualidade 3. Professores – Formação profissionais I. Título.

16-01028   CDD-370.71

Índices para catálogo sistemático:
1. Docentes : Formação profissional : Educação   370.71
2. Professores : Formação profissional : Educação   370.71

Francisco Imbernón

QUALIDADE DO ENSINO E FORMAÇÃO DO PROFESSORADO
uma mudança necessária

Tradução
Silvana Cobucci Leite

1ª edição
4ª reimpressão

Título original: *Calidad de la enseñanza y formación del profesorado. Un cambio necesario*
Francisco Imbernón

Capa: de Sign Arte Visual
Preparação de originais: Solange Martins
Revisão: Maria de Lourdes de Almeida
Composição: Linea Editora Ltda.
Coordenação editorial: Danilo A. Q. Morales

Nenhuma parte desta obra pode ser reproduzida ou duplicada sem autorização expressa do autor e do editor.

© 2013 Ediciones Octaedro, S. L., Barcelona, España

Direitos para esta edição
CORTEZ EDITORA
Rua Monte Alegre, 1074 – Perdizes
05014-001 – São Paulo – Brasil
Tels.: (55 11) 3864 0111 / 3611 9616
Site: www.cortezeditora.com.br
e-mail: cortez@cortezeditora.com.br

Impresso no Brasil – agosto de 2022

SUMÁRIO

Introdução. O que significam a qualidade e a mudança no ensino? Dois conceitos multifacetados, para não dizer confusos... 11

A mudança na educação 13

PRIMEIRA PARTE
O professorado, a escola, a comunidade e a qualidade da educação

Capítulo 1. O início: a função e a imagem social do professor. Sem qualidade docente não existe qualidade educacional 25

1.1 O duro ofício de ensinar 33
1.2 Diferentes professores, diferentes épocas 35
1.3 As mudanças nas funções do professor e da professora durante o século XX.. 40
1.4 A tarefa e a imagem social. Muito trabalho a ser feito 46
1.5 Velhas e novas funções. Rumo ao futuro 50

Capítulo 2. Qualidade e fragmentação curricular na escola.
Fragmentação ou globalização?.. 54
   2.1   Fragmentar ou não fragmentar? Eis a questão................. 57
   2.2   Ensinar e aprender o saber para aumentar a qualidade
        da educação 59
   2.3   Aprender a aprender, sim, mas também aprender a
        integrar (e a desfragmentar).. 62

Capítulo 3. Escola, qualidade, inclusão, multiculturalidade e
interculturalidade 67
   3.1   Somos todos diferentes, não?.. 73
   3.2   Algumas reflexões sobre a mudança na educação e a
        multiculturalidade... 78
   3.3   A multiculturalidade se transforma nas escolas 79
   3.4   O espaço educativo multicultural ou intercultural 82

Capítulo 4. A qualidade da educação não está apenas na escola... 86
   4.1   A necessária mudança na organização da escola............ 88
   4.2   Alguns pontos de vista nas comunidades de
        aprendizagem.. 90

SEGUNDA PARTE
*O professorado e sua formação
como ferramentas imprescindíveis
da qualidade da educação.
Caminhando rumo ao futuro*

Capítulo 5. A profissão docente do ponto de vista internacional.
O caso da Europa 95
   5.1   Aspectos gerais 98
        5.1.1 A docência como carreira atrativa 98

5.1.2 Políticas destinadas ao professorado...................... 98
5.1.3 Formação permanente do professorado................ 99
5.1.4 Selecionar para o exercício do professorado......... 100
5.1.5 A eficiência do professorado................................ 101
5.2 Aspectos de política específica... 102

Capítulo 6. A profissão docente no atual contexto da educação para além dos relatórios... 105
6.1 A profissão docente do presente para o futuro................. 107
6.2 A profissão docente em um contexto incerto.................... 117
6.3 Mesmo assim, não podemos cair em um ingenuísmo pedagógico.. 121
6.4 Possíveis alternativas... 125

Capítulo 7. A formação que o professorado recebe na universidade... 128
7.1 A universidade e a formação inicial do professorado nas etapas de educação infantil e primária. A estrutura. 129
7.2 A formação inicial do professorado e a universidade na etapa do ensino médio. Por fim, um mestrado........... 132
7.3 A formação inicial do professorado e a universidade. A estrutura: de escolas universitárias a faculdades......... 135
7.4 A universidade e a formação permanente do professorado de níveis não universitários...................... 137
7.5 A formação do professorado universitário na universidade. Uma utopia?... 139

Capítulo 8. Qual formação permanente para o professorado?.... 141
8.1 O que aprendemos e o que temos que desaprender?...... 143
8.2 Que caminho poderíamos seguir a partir de agora?....... 146

Capítulo 9. A formação a partir de dentro. O que é a formação em escolas e não nas escolas?.. 149
9.1 A escola como agente de formação e de mudança 154
9.2 Condições e elementos práticos da formação em escolas 156

Capítulo 10. Qualidade e metodologia na formação do professorado 161
10.1 A metodologia formativa nas modalidades de formação.. 166

Capítulo 11. Ética e valores na formação docente 170
11.1 Quais valores? Qual ética? 171
11.2 Aprender ética e aprender com ética 173
11.3 Da identidade à formação de atitudes e emoções............ 177

Capítulo 12. O professorado e sua formação na Europa e na América Latina. Iguais, parecidos, diferentes, ou um pouco de tudo?.. 180
12.1 Formação ou desenvolvimento profissional? Do que estamos falando?.. 184
12.2 O papel do professorado 186
12.3 O que nos une e o que nos separa 190

Capítulo 13. A pesquisa-ação ou o modelo investigativo de formação como desenvolvimento da qualidade educacional nas escolas... 194
13.1 A pesquisa-ação como processo e ferramenta de formação do professorado.. 198

Capítulo 14. Redes do professorado e de formação para uma educação de qualidade. O futuro já presente 201
14.1 Comunidade de prática e de prática formativa do professorado?... 202
14.2 Da comunidade às redes entre o professorado 207

Conclusão 213
   O que está acontecendo hoje em dia? 213
   Falamos de professores e professoras, vítimas
      ou culpados? 215
   Falemos das consequências das políticas governamentais
      erráticas 217
   O que está acontecendo? Por que alguns políticos não
      dizem a verdade? 218
   Quantidade e qualidade, duas faces da mesma moeda 221
   A qualidade passa pelo compromisso com a transformação
      social e educacional 223

Referências 227

INTRODUÇÃO

O que significam a qualidade e a mudança no ensino? Dois conceitos multifacetados, para não dizer confusos

> Se os conceitos não são corretos, as palavras não são corretas; se as palavras não são corretas, os temas não se realizam; se os temas não se realizam, a moral e a arte não prosperam; se a moral e a arte não prosperam, a justiça não acerta; se a justiça não acerta, a nação não sabe como agir. Em consequência, nas palavras não deve haver nada incorreto. É isso que importa.
>
> Confúcio, onde dá sua visão da linguagem, citado por Karl Kraus[1] en *Die Fackel* [*A tocha*] para dizer que toda forma de governo deve começar com o respeito pelas palavras.

Há na educação uma tendência a adotar uma linguagem comum ligada aos modismos do momento, e não apenas entre os atores do sistema educacional, mas também na administração deste. Isso certamente acontece em todos os âmbitos profissionais, mas talvez em outras disciplinas não ocorra o mesmo que na educação: cada época

---

1. Karl Kraus (1874-1936). Escritor e jornalista austríaco de tendência satírica. Desde 1899 e durante trinta e sete anos, Karl Kraus criou, editou e escreveu quase sozinho uma revista, *Die Fackel*, na qual realizou uma crítica radical à cultura vienense de começos do século passado, denunciou a corrupção e a degradação de uma linguagem que via banalizar-se e mercantilizar-se.

tem sua linguagem educacional que costuma estar unida às sucessivas reformas promovidas pelos governos que ganham as eleições naquele momento. Aconteceu nos anos 1990 com as reformas educacionais e tem ocorrido nas primeiras décadas do século XXI com as competências, com a qualidade (às vezes com o nome de gestão da qualidade e qualidade total), com a excelência (empoderamento), com a mudança, com a gestão do conhecimento, com a incerteza, com a governabilidade ou governança etc. Tal terminologia transforma-se em moda e passa a se espalhar como uma mancha de óleo, servindo de curinga em discursos em que às vezes nem sequer se sabe o que realmente se está dizendo ao mencionar tais termos.

Embora ao longo deste livro vários desses termos sejam analisados, queremos nos concentrar um pouco mais em dois: a qualidade e a mudança do ensino. Afirma-se que é preciso caminhar para a qualidade educacional (ou a excelência, como um dos sinônimos), e eu entendo o termo mais como a coerência entre o que pretendemos e o que obtemos. Ao se mencionar o conceito, passa-se a dizer que tudo deve mudar, já que o mundo circundante se move na mudança constante. E às vezes a linguagem, e não a ação que sua prática comporta, provoca a percepção de determinada qualidade ou a percepção da própria mudança (às vezes, de tanto dizer as coisas, elas se convertem em verdade, embora sejam fictícias). Mas o que é a qualidade do ensino? Mais documentos, diretrizes e burocracia? Que diferença tem com a excelência, tão martelada nos discursos políticos, e ainda mais atualmente? E a mudança? Significa que tudo muda para que tudo fique como está, o chamado leopardismo ou efeito Lampedusa, ou é para inovar e tornar tudo melhor? Pode-se inovar para que tudo fique pior? Comecemos analisando a mudança, embora ao longo do livro continuem a aparecer o conceito e sua aplicação na educação prática, que é o que mais me interessa, assim como o de "qualidade".

O **leopardismo**, o efeito Lampedusa, é um conceito político de acordo com o qual em determinados momentos históricos se torna necessário criar uma aparência de mudança revolucionária com a finalidade última de que a base, o núcleo do sistema, permaneça incólume e inalterado. Tudo muda para que tudo continue como está. Surge da obra de Giuseppe Tomasi di Lampedusa,[2] *Il Gattopardo* [no Brasil, *O Leopardo*], publicada postumamente. Foi adaptada para o cinema pelo diretor Luchino Visconti.

Cartaz de *Il Gattopardo* (1963), de Luchino Visconti

Sinopse

Filme baseado no romance homônimo de Giuseppe Tomasi di Lampedusa (1896-1957). É a época da unificação da Itália em torno do Piemonte, cujo artífice foi Cavour. A ação se passa em Palermo e os protagonistas são Don Fabrizio, príncipe de Salina, e sua família, cuja vida é alterada após a invasão da Sicília pelas tropas de Garibaldi (1860). Para se afastar dos distúrbios, a família se refugia na casa de campo que possui em Donnafugata. Para o lugar se deslocam, além da mulher do príncipe e de seus três filhos, o jovem Tancredi, o sobrinho predileto de Don Fabrizio, que parece simpatizar com o movimento liberal de unificação.

A mudança na educação

Hoje, todos falam de mudança, a mudança inunda tudo, parece que tudo vai mudar, exceto a mudança. Sempre se teve a percepção de que tudo muda, e embora seja verdade que a vida passa rapidamente, essa passagem do tempo agora parece ser mais vertiginosa; parece que tudo corre ou que todos correm. Creio que o que dá a

---

2. Giuseppe Tomasi di Lampedusa (1896-1957), membro da alta aristocracia siciliana, viveu na Letônia, na França e na Grã-Bretanha, e participou ativamente nas duas guerras mundiais. Não chegou a ver publicada a obra que o imortalizou, *Il Gattopardo*.

impressão dessa vertiginosidade é a tecnologia; os aparelhos que o ser humano utiliza para se deslocar, para se informar, se comunicar ou se divertir mudam constantemente não apenas a cultura, mas também a educação ou os temas e relações sociais (embora estes também tenham mudado com o tempo).[3] Sua rápida obsolescência (a dos aparelhos) leva-nos a uma percepção da mudança vertiginosa. Há algumas décadas, essa percepção era menor, já que os utensílios e os processos cotidianos que utilizávamos duravam muito mais tempo.

E, assim, sem mais nem menos, a mudança é incorporada ao papel escrito e às declarações públicas e políticas como um lugar-comum, mas que dificilmente se vê transferido para a realidade da prática da educação.[4] E por que estou dizendo isso? Em minha opinião, não se pode mudar a educação sem propor seriamente um novo conceito e uma nova mentalidade para analisá-la, e isso já é mais difícil e requer opções políticas que muitas vezes não se verificam. São necessárias muitas mudanças para mudar a educação, com perdão da obviedade. Isso significa perguntar-se como estabelecer relações com a comunidade e com os docentes; a modificação de estruturas, as políticas educacionais, o currículo, o papel dos alunos, a nova forma de aprender para além da escolarização etc. E, sobretudo, implica romper certas inércias e ideologias institucionais e políticas que levam a determinadas políticas conservadoras, neoconservadoras ou à modernização conservadora — como diria Apple (2002)[5] —, que perduraram e que em alguns países se acentuam nos últimos anos com o aumento de políticas neoliberais e neoconservadoras, ainda que parcialmente (também em políticas de governos autodenominados de esquerda). Apple (2002, p. 53) diz com razão:

---

3. Pode-se ler *La tercera ola*, de Alvin Toffler, publicado em 1979 por Editorial Plaza & Janés, de Barcelona. [Ed. bras.: TOFFLER, A. *A terceira onda*. 8. ed. Trad. João Távora. Rio de Janeiro: Record, 1980.]

4. Ver, por exemplo, LÓPEZ-ARANGUREN, Eduardo; GÓMEZ RODRÍGUEZ, Carlos. *La retórica del cambio en las organizaciones: un análisis aplicado*. Madrid: Centro de Investigaciones Sociológicas, 2004.

5. Ver APPLE, M. W. *Educar "como Dios manda"*: mercados, niveles, religión y desigualdad. Barcelona: Paidós, 2002.

A guinada à direita foi o resultado do sucesso que as direitas tiveram na formação de uma aliança de base mais ampla. E, em parte, esse sucesso se deveu ao fato de terem conseguido ganhar a batalha pelo senso comum. Ou seja, elas reuniram de uma forma criativa diferentes compromissos e tendências sociais e os integraram em sua agenda geral para a proteção social, a cultura, a economia e a educação. Seu objetivo na política educacional e social é o que antes denominei "modernização conservadora".

E citar a mudança ou introduzi-la em um discurso político não é suficiente para mudar as coisas (alguns políticos nos dão um enorme exemplo disso ao falar de mudança antes das eleições: podemos ver quais mudanças são efetuadas depois, além daquelas em benefício próprio ou de seus militantes). Às vezes são linguagens vazias, mas parecem discursos progressistas.

Diversos estudos sobre o discurso político (muitos dos quais em âmbitos teórico-metodológicos tão amplos como a linguística, as teorias da comunicação e até os modelos matemáticos) trouxeram diversas conclusões e interpretações sobre as "molas" que impelem o ator político a estruturar um discurso, para influenciar, manipular, distorcer, confundir, persuadir, convencer, animar, motivar, e daí gerar conclusões sobre a intenção, a ideologia e o interesse implícito ou explícito de diversos atores: líderes políticos, partidos políticos, estruturas de governo, entre outros.

GASPARÍN, Álvaro de. *Razón y Palabra*, México, n. 39, 2004. Disponível em: <www.razonypalabra.org.mx/anteriores/n39/agasparin.html>. Acesso em: 20 out. 2015.

Sobre o discurso político

Nos últimos anos, juntamente com a mudança, aparece a qualidade como conceito multifacetado (ou melhor, seria um construto genérico, isto é, algo que se sabe que existe, mas cuja definição é difícil ou controversa) ou, como alguns o chamam, conceito multidimensional e relativo, para não se atrever a dizer confuso ou ambíguo. "Não temos qualidade, é preciso trabalhar para a qualidade, a qualidade é prioritária...", dizem, e se atribui a esse multifacetado conceito um enfoque vago, técnico, baseado na eficiência e na efetividade, de padrões e burocratizante, de qualidade tão em moda nos últimos anos em aplicações a determinados modelos de qualidade provenientes do mundo empresarial, de onde surgiu, como se as crianças fossem objetos de uma fábrica e os professores, suas máquinas (um exemplo ilustrado é o famoso desenho de Frato, Francesco Tonucci, reproduzido na página seguinte). E passa-se a elaborar protocolos, pesquisas, roteiros, a criar escolas de elite, a aumentar o número de horas de aula, a propor a excelência baseada no sucesso e a estabelecer níveis diferenciados de alunos etc. Surgem os questionários ou pesquisas (sempre de papel e lápis) que tentam mensurar como deveria ser a escola, partindo, é claro, de determinada visão da realidade social, da escola e da educação. A visão própria de quem elabora o questionário ou do grupo ao qual pertence. Daí à classificação é só um passo e à segregação, dois. E, por fim, um objetivo subliminar: que os pais optem por quem tem melhor classificação. Uma qualidade produtiva baseada na obtenção dos objetivos e que pode provocar segregação dos que não se enquadram na norma estabelecida no processo. Às vezes há soluções que tentam melhorar o ensino e que procuram e criam problemas, e não o contrário, como deveria ser.

Mas se a qualidade é um construto genérico, poliédrico, relativo, confuso, podemos imaginar que o conceito de qualidade não é estático, não existe consenso sobre ele nem existe um único modelo de qualidade, já que depende da concepção da escola, do professorado e da educação e do ensino. Durante muito tempo e com a chegada do mundo produtivo empresarial, a qualidade foi interpretada como conceito absoluto, próximo das dimensões de inato e atributo de um produto. No entanto, a educação que trabalha com sujeitos é um produto? Pensamos que não. E existe o perigo de fazer algumas análises simples e lineares, devido aos condicionantes de intencionalidade, contexto, interesses e valores que configuram o significado da qualidade e as expectativas que suscitam.

Para comprovar esse conceito poliédrico, ambíguo ou multidimensional das diferentes abordagens da qualidade, vemos que, como nos dizem Garvin (1984) e Harvey e Green (1993) (adaptado para a educação):

QUALIDADE DO ENSINO E FORMAÇÃO DO PROFESSORADO 17

Desenho "A máquina da escola" (2007), de Francesco Tonucci (Frato). Ver o livro do autor *40 anos com olhos de criança* (Porto Alegre: Artmed, 2008). Francesco Tonucci é um psicopedagogo italiano. Propõe que se adote o ponto de vista da criança e que ela seja deixada mais livre, tanto na escola como em casa. Suas vinhetas são conhecidas internacionalmente como uma análise da infância e da escola.

1. Qualidade como **exceção**
    A. Qualidade como algo especial, distingue algumas escolas de outras, embora seja difícil defini-la de maneira precisa.
    B. Visão clássica: distinção, classe alta, exclusividade.
    C. Visão atual: a excelência.
        a) Excelência em relação a padrões: reputação das escolas em função de seus meios e recursos.
        b) Excelência baseada no controle científico sobre os produtos segundo alguns critérios: "escolas que obtêm bons resultados".

2. Qualidade como **perfeição ou mérito**

   A. Qualidade como consistência das coisas bem feitas, ou seja, que atendem aos requisitos exigidos: "escolas onde as coisas são bem feitas".

   B. Escolas que promovem a "cultura da qualidade" para que seus resultados sejam cada vez mais bem avaliados de acordo com critérios de controle de qualidade.

3. Qualidade como **adequação a propósitos**

   A. Parte-se de uma definição funcional da qualidade, o que é bom ou adequado para algo ou alguém.

   a) Escolas onde existe uma adequação entre os resultados e os fins ou objetivos propostos.

   b) Escolas onde os programas e serviços atendem às necessidades dos clientes.

   B. Escolas que cumprem satisfatoriamente os objetivos estabelecidos no âmbito legal.

4. Qualidade como **produto econômico**

   A. Abordagem do conceito de qualidade da perspectiva do preço que sua obtenção supõe.

   a) Escolas eficientes ao relacionar custos e resultados.

   b) Escolas orientadas para a prestação de contas.

5. Qualidade como **transformação e mudança**

   A. Definição da qualidade centrada na avaliação e na melhoria no âmbito institucional.

   a) Escolas preocupadas em melhorar o rendimento dos alunos e incrementar o valor acrescentado.

   b) Escolas orientadas para o desenvolvimento qualitativo da organização (desenvolvimento organizacional).

Contudo, fugindo das classificações, acreditamos que a qualidade não é unicamente a melhoria do funcionamento da escola, mas a definida pela perspectiva do grau de satisfação da comunidade educacional e não apenas como resposta à demanda social ou do mercado. A qualidade no campo educacional deveria ser analisada a partir da consciência do quê e como os alunos aprendem no processo de ensino-aprendizagem mediado por um professorado e por seu contexto. No entanto, diferentemente das posturas conservadoras disfarçadas em visões progressistas do ensino, que introduzem indicadores de rendimento, padrões ou protocolos de diagnósticos fechados para comprovar a qualidade de um processo (e, repito, com uma forma determinada de ver a educação "para todos"), vejo a qualidade como uma tendência, uma trajetória, um processo democrático e de construção de um projeto contínuo e compartilhado na educação, baseado na igualdade de oportunidades e na equidade, onde todos os que participam na aprendizagem de crianças buscam um processo de melhoria educativa em seu conjunto e de melhoria das aprendizagens dos alunos em particular. Não a vejo como um processo ao qual se concede uma nota ou uma escala que se regulará intervindo neles (e às vezes contra eles) e culpabilizando alguém, e sim como um processo participativo de responsabilidade e autorregulação coletiva.

Portanto, gostaria de me aproximar de um conceito de qualidade de caráter mais colaborativo, mais coletivo, que tem a possibilidade de se desenvolver, no âmbito educacional, em determinada comunidade de prática entre professores e contexto, comunidade de prática formativa, mediante processos de investigação coletiva entre o professorado; projetos de inovação dos quais falaremos ao longo deste livro. Uma comunidade na qual o conjunto de professores analise o que não funciona em sua prática diária para conseguir formar cidadãos democráticos (e, evidentemente, cultos) e na qual se proponham projetos de mudança partindo das necessidades reais do professorado, do contexto e do alunado em uma ecologia educativa. Um processo que ajude a transformar as consciências dos que intervêm no trabalho nas escolas. Partir deles e de seus problemas. Sugerimos que se fale da escola não tanto como "um lugar" passível de diagnosticar friamente com protocolos de qualidades, mas como um processo de vida que, em toda sua complexidade, em toda rede de relações e dispositivos com uma comunidade educacional que a envolve, pretende educar todos para melhorar e melhorar-se. E, analisando tudo isso, apresentar propostas com a finalidade de melhorar a aprendizagem dos alunos, consciente de seus limites.

A meta da qualidade é a cidadania democrática. Para tanto, é preciso desenvolver saberes, procedimentos e atitudes que permitam dar sentido à vida dos estudantes para participar na criação de um mundo melhor. Mas, como fazer tudo isso?

Em primeiro lugar, do meu ponto de vista, e embora seja repetitivo e como aspecto básico, deve-se considerar, por um lado, a experiência profissional do professorado e dos alunos, seus conhecimentos, motivações, emoções, sua identidade como docentes e alunos, assim como o meio de trabalho — em suma, sua situação de trabalhadores do conhecimento em uma instituição educacional. Por outro lado, deve-se levar em conta a participação do professorado na educação e na tomada de decisões (curriculares, organizacionais, didáticas...) que os afetam diretamente, e não tanto o que dizem outros de fora com um conceito de qualidade determinada. Os que participam na educação devem beneficiar-se de um processo que se adapte a suas necessidades profissionais em contextos sociais e profissionais concretos, na capacidade de gerar inovações a partir do conhecimento prático de todos os componentes da escola. É preciso acreditar neles e em sua autonomia e, em contrapartida, é necessário que eles acreditem também e prestem contas à comunidade. Vamos tentar explicar.

A qualidade de uma escola dependerá da qualidade dos alunos através de suas contribuições para a sociedade, para a qualidade do que foi aprendido e para a forma de aprendê-lo. A qualidade não está unicamente no conteúdo de coisas que devem ser aprendidas, mas na interatividade do processo, na dinâmica do grupo, na solidariedade entre eles, no respeito pelos demais, no uso das atividades que proporcionam aprendizagens relevantes, no estilo do professorado, no material que se utiliza e na capacidade de formar cidadãos e cidadãs que participam democraticamente no processo da humanidade. Por isso, o conceito de qualidade é eminentemente ideológico, não técnico, como alguns pretendem. Eis aí o problema e a solução.

Este livro pretende refletir um pouco sobre tudo isso. Inscrevi nele, ampliando, eliminando e matizando, minhas ideias expressas em outros textos, sobretudo artigos, e lhe dei um aspecto reflexivo e didático, dando voz e vez a muitos autores cujo pensamento tomei emprestado para ajudar a entender melhor o texto e me ajudar a dar-lhe a melhor forma para o que quero expressar e fazer chegar ao leitor. Textos soltos dos últimos tempos, que o pensamento mais recente e comedido ordena, amplia e atualiza, e que, relidos, pretendem ajudar a refletir sobre alguns aspectos da educação.

Certo dia, comentei com uma colega a ideia deste livro: iria intercalando ideias, textos inseridos, matérias da internet, citações, filmes, livros, rostos etc. E ela me disse que isso representava um livro que jamais seria concluído, pois sempre seria possível acrescentar temas, definições, autores, ideias, verbetes... É verdade. Eu o terminei, mas a ideia é que seja um livro aberto para o leitor, onde possa acrescentar aspectos que o ajudem a aprimorar e a ampliar o que aqui se comenta. Eu o dividi em duas partes.

Na primeira parte, analisamos a figura do professor, a escola e como esta pode aumentar a qualidade de seu ensino para criar cidadãos e cidadãs felizes, livres e democráticos. Na segunda parte, falamos do professorado e de sua formação como elemento essencial na qualidade da educação (o professorado é o fator mais importante na qualidade, já que influenciará a aprendizagem dos alunos) em todos os seus âmbitos, até chegar a aspectos novos, como a criação de redes de formação. A formação foi minha paixão nas últimas décadas e eu não poderia deixar de pensar sobre isso. Por esse motivo, quem ler o texto verá que esta segunda parte é bem mais ampla. É lógico, pois é a temática na qual refleti mais, e esse "mais" me leva a permanecer um ignorante dos processos de formação do professorado e a continuar pensando no tema.

Gostaria que todo este livro fosse lido com a ideia de que já não servem conceitos antigos para problemas novos (ou, ao menos, muitos conceitos). Temos de procurar soluções novas para problemas novos. É preciso desconstruir muito conhecimento sobre o ensino. Esperemos que este livro ajude a fazê-lo, ou pelo menos a refletir sobre isso. Mesmo assim, fico com a dúvida de sua validade. Talvez minha ignorância (ou minha ingenuidade) me levou a pensar que não temos de continuar a procurar respostas para o que acontece com o objetivo de encontrar instrumentos que nos ajudem a entender a qualidade como uma classificação, e sim entender o que acontece (dentro e fora) para mudar a educação, ou pelo menos para refletir sobre a educação. E aí está e sempre esteve o desafio em educação dos que se comprometem a mudar as coisas.

Mudam os que se comprometem com a mudança. Uma mudança para melhorar a humanidade.

> As pessoas mudam quando se dão conta do potencial que têm para mudar as coisas. Onde está o limite do poder? Simplesmente, não existe um limite estabelecido. As limitações são fruto de nosso pensamento, de pensar que não podemos consegui-lo. Muitas coisas seriam diferentes se, ao nos propor um objetivo, realmente pensássemos em como atingi-lo, que podemos alcançá-lo, que podemos ter sucesso. Não existe nada impossível.
>
> MATEO, Sergi. *Solamente tú puedes cambiar las cosas*. Disponível em: <http://sergimateo.com/solamente-tu-puedes-cambiar-las-cosas/>. Acesso em: 20 out. 2015.

PRIMEIRA PARTE

O professorado, a escola, a comunidade e a qualidade da educação

> O objeto da educação é formar seres capazes de governar a si mesmos, e não a ser governados pelos demais.
>
> HERBERT SPENCER (1820-1903)

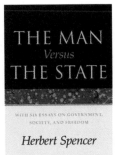

HERBERT SPENCER, filósofo inglês, figura de destaque do evolucionismo filosófico. Seu livro *The Man versus the State* [*O homem contra o Estado* ou *O indivíduo contra o Estado*] foi publicado em 1884 e considera o Estado como um obstáculo à evolução natural do ser humano.

CAPÍTULO 1

O início: a função e a imagem social do professor. Sem qualidade docente não existe qualidade educacional

> Os professores são os atores essenciais na promoção de uma educação de qualidade, quer nas escolas, quer em programas sociais mais flexíveis baseados na coletividade; defendem a mudança e atuam como catalisadores para produzir a mudança. Não se obterá uma reforma educacional com resultados positivos se os professores não participarem de forma ativa. Deve-se respeitar e remunerar adequadamente os professores em todos os níveis do sistema de ensino; eles devem ter acesso à formação, educação e apoio profissional (entre outros, a educação aberta e à distância) e devem ter a oportunidade de participar no plano local e nacional nas decisões relativas à sua vida profissional e ao seu ambiente educativo. Os professores têm de aceitar também suas obrigações profissionais e ser responsáveis perante os estudantes e suas comunidades.
>
> *Declaração de Dakar.*
> Fórum Mundial sobre a Educação (item 69), dez. 2000.

Crianças trabalhando no século XXI (2012).

No ano de 1900, uma pedagoga sueca, Ellen Key,[1] escreveu um livro em que dizia que o século XX seria o século das crianças (*Barnets århundrade*, v. I e II, 1900; em português, *O século da criança*). E a realidade confirmou sua profecia, embora ainda encontremos no início do século XXI muitas crianças que morrem de fome, que são violentadas, maltratadas ou obrigadas a maltratar ou a matar outros. No século XX[2] surgiram os direitos da criança que, ao menos oficialmente, estabelecem a proibição de trabalhar até determinada idade, a escolarização obrigatória, o direito à saúde etc. Embora muitas sociedades "não deem a mínima", como diríamos vulgar e metaforicamente, e prefiram voltar o olhar para o outro lado, em muitos países. Também ao longo do século passado, definiu-se a criança como consumidora e criou-se uma indústria que nos abasteceu de coisas úteis e inúteis como, por exemplo, brinquedos industrializados, lazer específico, roupas específicas, quartos com móveis sob medida, literatura, produtos pseudoculturais etc. É verdade que, durante séculos, a humanidade sofreu uma grave doença: não ter cuidado com os menores, com as novas gerações. Eram considerados homens e mulheres em miniatura e, portanto, inferiores à categoria adulta, embora com capa-

---

1. Em 1900, Ellen Karolina Sofia Key (Sundsholm, 11 de dezembro de 1849-Estocolmo, 25 de abril de 1926), escritora e feminista sueca, publicou um livro intitulado *O século das crianças*, onde apresenta uma proposta bem diferente da maneira anterior de educar as crianças. Propõe uma educação mais flexível e livre, incluindo o afeto nessa tarefa de educar as crianças. O título do livro seria tomado como estandarte ou lema para todo o século XX, século no qual se produzem muitos avanços no mundo da criança (embora os maus-tratos em crianças, tanto físicos, como psíquicos, como negar-lhes as necessidades básicas, tenham aumentado consideravelmente ao longo de todo o século XX).

2. Eduard Claparède também disse: "O século XX deverá ser o século da criança". Psicólogo e pedagogo suíço (Genebra, 1873-1940), catedrático na Faculdade de Psicologia da Universidade de Genebra, fundou o Instituto J.-J. Rousseau, hoje Instituto de Ciências da Educação. Sua obra contribuiu para que Genebra se convertesse no centro da pedagogia moderna europeia.

cidade de trabalhar como adultos. Em decorrência disso, a maioria das crianças (das classes trabalhadoras) eram maltratadas e analfabetas, privadas do dom da escrita e da leitura e de tudo o que isso comporta: a falta de cultura e de liberdade para discernir. Era a dominação e a exploração pela cultura que não se tinha. Apenas uma minoria privilegiada tinha acesso a ela e eram os futuros dominadores, já que a falta de cultura fazia com que a população se tornasse mais vulnerável a qualquer poder.

Crianças pobres no início do século XX. Garotos mineiros, ao sul de Pittston, Pennsylvania. Janeiro de 1911. Foto de Lewis Hine.

Recomendações fundamentais

Há cada vez mais crianças que crescem em áreas urbanas. É imprescindível proporcionar-lhes os serviços e as oportunidades de que necessitam para exercer seus direitos e desenvolver suas capacidades. Devem ser tomadas medidas urgentes para:

1. Compreender melhor a magnitude e a natureza da pobreza e da exclusão que afetam as crianças nas áreas urbanas.
2. Definir e eliminar os obstáculos que atentam contra a inclusão das pessoas menos favorecidas.
3. Garantir que o planejamento urbano, o desenvolvimento da infraestrutura, a prestação dos serviços e as iniciativas de amplo alcance tendentes a reduzir a pobreza e as desigualdades atendam às necessidades particulares e às prioridades da infância.

4. Promover a criação de associações entre os níveis do governo e os habitantes pobres das áreas urbanas, especialmente as crianças e os jovens.
5. Reunir os recursos e as energias de atores internacionais, nacionais, municipais e comunitários, de modo a garantir que as crianças pobres e marginalizadas desfrutem plenamente de seus direitos.

Estes não são objetivos, mas meios para atingir um fim: fazer com que as cidades e as sociedades sejam mais justas e acolhedoras para todos, a começar pelas crianças.

Situação mundial da infância 2012. Crianças em um mundo urbano. Disponível em: <www.unicef.org/brazil/pt/resources_22713.htm>. Acesso em: 17 jun. 2015. (Texto adaptado.)

Medidas para melhorar a infância

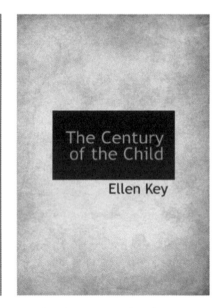

ELLEN KAROLINA SOFIA KEY (1849-1926) e a capa da edição em inglês de seu livro *The century of the child* [O século das crianças].

Para amenizar essa situação de desamparo, durante o século XX (há alguns antecedentes nos séculos anteriores), muitos professores, associações, instituições, congregações etc. puseram mãos à obra para remediar essa perversa enfermidade que deixava grande parte da humanidade indefesa perante os poderes políticos, econômicos e sociais e impedia que os povos, presos na miséria intelectual (acrescentada à material), avançassem, opinassem e participassem.

Só em 20 de novembro de 1959 a Assembleia Geral das Nações Unidas aprovou a Convenção sobre os Direitos das Crianças, embora haja antecedentes na Declaração de Genebra de 1924 e na de 1948 sobre a Declaração Universal dos Direitos Humanos, que implicitamente incluía os direitos da criança. A declaração foi atualizada em 1989, quando se assinou na ONU a Convenção sobre os Direitos da Criança.

	Declaração dos Direitos da Criança
Artigo 1	Esta Convenção se ocupa dos direitos de todos aqueles que ainda não completaram 18 anos de idade.
Artigo 2	Todos os Estados devem respeitar os direitos da criança, sem distinção de etnia, cor, sexo, língua, religião, opinião política da criança ou de sua família.
Artigo 3	Os interesses da criança devem ser considerados em primeiro lugar em todas as decisões que as afetem. A criança tem o direito de receber a proteção e as atenções necessárias para seu bem-estar.
Artigo 4	Todos os governos que assinam uma lei para fazer valer os direitos das crianças devem tomar as medidas necessárias para garantir que ela seja cumprida.
Artigo 5	A criança deve ficar a cargo dos pais ou dos que os substituem.
Artigo 6	1. A criança tem direito à vida. 2. A criança tem o direito de desenvolver de modo completo sua própria personalidade.
Artigos 7 e 8	Todas as crianças devem ser registradas imediatamente após seu nascimento. Também têm direito a ter um nome e uma nacionalidade, assim como a conhecer seus pais e ser cuidadas por eles.
Artigo 9	A criança tem o direito de manter contato com seus pais, mesmo que estes estejam separados ou divorciados.
Artigo 10	A criança tem o direito de se juntar a seus pais ou de permanecer em contato com eles quando estes moram no exterior.
Artigo 11	As crianças não devem ser tiradas de seu país de maneira ilegal.
Artigo 12	A criança deve ser ouvida todas as vezes que se tomam decisões que a afetam diretamente.
Artigo 13	A criança tem o direito de poder dizer o que pensa, com os meios que preferir.

Artigo 14	1. A criança tem o direito de liberdade de pensamento, de consciência, de religião. 2. Os pais têm o direito e o dever de orientar seus filhos, e para tanto devem ter a liberdade de adotar as ideias nas quais acreditam.
Artigo 15	As crianças têm o direito de ficar junto com os outros.
Artigo 16	As crianças têm o direito de que se respeite sua vida privada.
Artigo 17	Os jornais, os programas de rádio e de televisão são importantes para a criança; por esse motivo, é conveniente que sejam adaptados para ela. Se uma criança não tem pais, deve ter alguém que cuide dela.
Artigo 18	Se os pais de uma criança trabalham, alguém deve cuidar dela enquanto seus pais estão trabalhando.
Artigo 19	Ninguém pode negligenciar, abandonar, maltratar ou explorar uma criança, nem exercer violência sobre ela.
Artigo 20	Se uma criança não pode permanecer com sua família, deve morar com alguém que cuide dela.
Artigo 21	A criança tem o direito de ser adotada se sua família não pode cuidar dela. As adoções não podem ser objeto de comércio.
Artigo 22	1. A criança refugiada tem o direito de ser protegida. 2. A criança refugiada deve receber ajuda para se reunir com sua família.
Artigo 23	1. A criança que tem problemas mentais ou físicos tem o direito a viver como as outras crianças e de ficar junto com elas. 2. A criança que tem problemas mentais ou físicos tem o direito a ser atendida. 3. A criança que tem problemas mentais ou físicos tem o direito de ir à escola, de se preparar para o trabalho, de se divertir.
Artigos 24 e 25	A criança tem o direito de alcançar o máximo de saúde física e mental e de ser bem atendida ou internada quando tiver necessidade.
Artigo 26	Todas as crianças têm direito a se beneficiar do serviço de seguridade social de seu país.
Artigo 27	A criança tem o direito de crescer física, mental, espiritual e socialmente.
Artigo 28	A criança tem o direito à educação. A escola deve ser obrigatória e gratuita para todos.
Artigo 29	A criança tem o direito de receber uma educação que desenvolva suas capacidades e na qual se ensine sobre a paz, a amizade, a igualdade e o respeito pelo ambiente natural.
Artigo 30	A criança que pertence a uma minoria tem o direito de usar sua língua e de viver de acordo com sua cultura e com sua religião.
Artigo 31	A criança tem o direito à brincadeira, ao descanso, à diversão e a se dedicar a suas atividades preferidas.
Artigo 32	Nenhuma criança deve ser explorada. Nenhuma criança deve realizar trabalhos que possam ser perigosos ou que a impeçam de crescer bem ou de estudar.

Artigo 33	A criança deve ser protegida das drogas.
Artigo 34	Nenhuma criança deve sofrer violência sexual ou ser explorada sexualmente.
Artigos 35 e 36	Nenhuma criança pode ser comprada, vendida ou explorada de nenhuma forma.
Artigo 37	Nenhuma criança pode ser torturada, condenada à morte ou à prisão. Nenhuma criança pode ser privada de sua liberdade de maneira ilegal ou arbitrária.
Artigo 38	Nenhuma criança menor de 15 anos deve ser inscrita em um exército nem deve combater em uma guerra.
Artigo 39	A criança que foi abandonada, explorada e maltratada tem o direito de ser ajudada a recuperar sua saúde e sua tranquilidade.
Artigo 40	A criança que é acusada de ter cometido um delito deve ser considerada inocente enquanto não se provar sua culpa em um processo justo. E, em caso de ser comprovar sua culpa, tem direito de receber um tratamento adequado à sua idade e que a ajude para poder voltar a viver com os outros.
Artigo 41	A esses direitos cada Estado pode agregar outros que possam melhorar a situação das crianças.
Artigo 42	É necessário levar ao conhecimento de todos, adultos e crianças, o que diz esta Convenção.

Embora o relatório de Mãos Unidas de 2010 afirme que "existem países em que sua infância é protegida por leis e autoridades, mas em outras passa despercebido, porque não se pode celebrar o nascimento de alguns direitos que amparam a infância e que são sistematicamente descumpridos", naquele ano os dados eram os seguintes:

- A cada ano, quase nove milhões de crianças morrem antes de completar cinco anos.
- 101 milhões de crianças não dispõem de ensino básico.
- Dois milhões de crianças estão infectadas com o HIV.
- 215 milhões de crianças precisam trabalhar para sobreviver. Alguns o fazem em condições extremas.
- 18 milhões de crianças sofrem os efeitos dos deslocamentos forçados.
- 14 milhões de meninas são mães antes de completar 19 anos.
- Cerca de 300 mil crianças são utilizadas como soldados. Dessas, 120 mil são meninas que, além disso, devem servir como escravas sexuais.

Dados obtidos em: <www.mansunides.org/es/noticia/derechos-que-amparan-infancia-se-incumplen-sistematicamente?gclid=CLPe39r_ga8CFcYntAodzE743g>. Acesso em: 20 out. 2015.

Situação da infância em 2010.

O fato de cada vez mais meninos e meninas[3] começarem a ir à escola para receber as primeiras letras e os primeiros números significou um grande avanço social em relação a tempos passados, e ao longo do século XX foi essencial para configurar um novo modelo de sociedade. Também significou a proliferação de escolas e a consolidação dos saberes e processos pedagógicos criados nos séculos XVIII e XIX. No entanto, atrás ou à frente — depende de como se olhe — desses meninos e meninas havia uma pessoa a quem a sociedade delegou a educação da infância, uma pessoa que teve de se formar e se profissionalizar para chegar a ser professor ou professora de escola.

 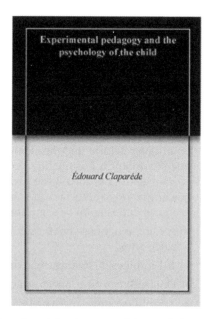

ÉDOUARD CLAPARÈDE (1873-1940), autor de *Experimental pedagogy and the psychology of the child* (1911), pode ser considerado um dos fundadores da pedagogia moderna europeia. Claparède também lutou para que o século XX fosse o século da criança.

---

3. Ainda há alguns países que deixam as meninas sem escola em pleno século XXI.

1.1 O duro ofício de ensinar

Embora eu saiba que hoje se prefere falar de professor ou professora, neste capítulo vamos falar do mestre ou da mestra. A sociedade outorgou o título de mestre (*magister*)[4] às pessoas que obtinham um grau supremo, uma sabedoria maior que a do restante do grupo e que eram capazes de transmiti-la aos demais (por isso se diz obra-mestra ou obra-prima). Ainda hoje, em muitos países, dirigir-se a alguém como mestre é uma honra destinada unicamente às pessoas às quais, por sua inteligência, sabedoria e humanidade, se atribui a origem de novos caminhos e novos conhecimentos. Daí provém o "mestre de escola". Durante o século XX, o conceito de *mestre* perdeu essa característica de sabedoria e não apenas continuou com um baixo prestígio social, mas perdeu o nome; assim, desde o último terço daquele século passou-se a falar de *professor* e *professora*. Contudo, nunca se perdeu seu uso, nem sua necessidade e, assim como os rios sempre voltam a seu leito, hoje continuamos reivindicando o título de mestre de escola como um símbolo de uma profissão que tem a tarefa mais ambiciosa e difícil: educar os filhos dos outros, como diz a tradição, com a sabedoria e a paciência necessárias. Chego a dizer — embora possa parecer um truísmo — que, embora se chame professor ou professora, dentro há um mestre ou uma mestra de escola, ou ao menos deveria haver no sentido que lhe atribuo: compromisso, contexto e conhecimento; três elementos fundamentais do ofício de professor.

Ser professor sempre foi uma tarefa trabalhosa e difícil. De fato, a dificuldade está em ser um bom professor ou uma boa professora e em ensinar bem. Embora no imaginário coletivo exista a ideia de que esse é um trabalho simples, que requer pouca habilidade porque se trabalha com crianças ou adolescentes, fáceis de tratar e de convencer, com muitas festas e férias e de trabalho tranquilo, a verdade é que a educação das crianças sempre foi uma tarefa complexa (e agora é

---

4. Na antiga Roma, *magister* designava uma pessoa que tinha poder ou autoridade sobre as outras.

muito mais). Basta entrar numa sala de aula para comprovar que lidar com crianças não é o mesmo que costurar ou cantar, mas constitui uma tarefa trabalhosa e de uma complexidade crescente. É também um trabalho que exige paciência, para ser bem-feito. Ao longo do século XX e até o atual momento do século XXI, a sociedade tornou-se mais complexa; portanto, exercer a função de professor também assumiu grandes parcelas de complexidade (e às vezes de perplexidade pela falta de correspondência com a educação que se recebe na família ou no meio circundante).

E essa complexidade da profissão se concretiza em uma sala de aula e em uma instituição impregnada de uma cotidianidade invisível, pois é preciso estabelecer uma difícil convivência entre viver a realidade do que nos rodeia para introduzi-la nas aulas de cada dia; lembrar o passado para que as crianças reconstruam sua própria compreensão a partir do que foi criado por outros, e projetar-se para o futuro com o objetivo de levar as novas gerações a criarem um mundo melhor. E isso não é fácil, embora possa parecer.

Essa difícil tarefa vale para todos os professores, desde os que lidam com crianças pequenas, com funções mais próximas da assistência básica, até os que trabalham com crianças maiores, com funções mais de preparação para a vida cotidiana ou profissional. Todos sofrem a angústia de passar das antigas funções de trabalhar como mestre de escola para as novas funções que lhes pede a sociedade ao redor da instituição educacional. Durante o século XX, a mudança radical e vertiginosa das estruturas científicas, sociais e educativas, a evolução acelerada da sociedade em suas estruturas materiais, institucionais e nas formas de organização da convivência, nos modelos de produção e distribuição, os paradoxos e contradições entre usos sociais e educativos etc. levaram a uma mudança no papel das escolas e nas funções dos professores. É preciso compreender que isso custou muito a alguns e ainda custa.

No entanto, apesar dessa tarefa, que é crescente no tempo e não tem volta, continua sendo um trabalho que ainda atrai muitos jovens. Há uma grande porcentagem de jovens que, no momento de escolher a profissão, optam pelo magistério. Ao estudar essa profissão, é obrigatório lançar um olhar para trás, para o século XX, em busca das raízes sobre como "fazer escola" e "ser professor". Não é possível entender a educação, nem tampouco a cultura, sem este olhar para trás. Se perdermos o passado da educação, perderemos a cultura acumulada do magistério, que é muita. Apesar das grandes mudanças na educação e dos grandes avanços educacionais ocorridos no século XX e no início do século XXI, os professores jovens precisam conhecer a história passada, para ter acesso a uma cultura da qual não se pode prescindir, tanto para interpretá-la como para conhecê-la ou para mudá-la. Esquecer a história é esquecer de si mesmos e, como se costuma dizer, voltar a repeti-la.

1.2 Diferentes professores, diferentes épocas

Como todas as profissões dedicadas à difusão do conhecimento, da cultura e ao desenvolvimento da inteligência e, portanto, da liberdade, os professores não são um grupo uniforme onde todos fazem e pensam a mesma coisa, mas, como grupo, passaram por etapas muito difíceis em sua trajetória comum. O fato de educar gera uma forma determinada de ver a realidade social, de refletir e levar a refletir sobre o que acontece. Por esse motivo, muitos professores foram perseguidos durante o século XX, foram punidos, sofreram expulsões e até o exílio e a morte:[5] por defender suas ideias ou por ensinar ou divulgar as ideias de outros que não pensavam da mesma maneira. E, como não podia deixar de acontecer, viram suas escolas fechadas[6] ou queimadas. A esse respeito, lembramos que o século XX foi o mais cruel de toda a história da humanidade, o que teve mais guerras, grandes e pequenas, e no qual a tortura e o extermínio foram mais sofisticados. Um dos

---

5. Lembremos a morte por fuzilamento, em Barcelona, depois de um julgamento sumário, do professor e pedagogo Francesc Ferrer i Guardia em 13 de outubro de 1909. Francesc Ferrer i Guardia nasceu em 1859. Trabalhou no projeto educativo *Escola Moderna*, inaugurado em agosto de 1901.

6. Lembremos que o pedagogo Célestin Freinet abandonou em 1934 a escola Saint-Paul-de-Vence pela hostilidade de um conselho municipal conservador.

grupos que mais sofreu essa crueldade foi o dos professores, como defensores da cultura e da liberdade, já que são profissionais do conhecimento; e muitos não gostam disso se não coincide com o que eles querem que se ensine ou com sua concepção do que é conhecimento. Na história da humanidade sempre há grupos que têm pânico da palavra *liberdade* e mais ainda dos que tentam difundi-la.

FRANCESC FERRER I GUARDIA (1859-1909). O primeiro número do *Boletín de la Escuela Moderna*, publicado em 30 de outubro de 1901, trazia o seguinte: "A **ciência** já não é patrimônio de um grupo reduzido de privilegiados. Suas irradiações benéficas permeiam com maior ou menor consciência todas as camadas sociais. O **propósito** da Escola Moderna é auxiliar corretamente, sem ser complacente com os procedimentos tradicionais, o ensino pedagógico baseado nas ciências naturais. Este novo método, mas unicamente real positivo, foi aceito em todos os âmbitos do mundo civilizado, e conta com inúmeros trabalhadores, de inteligência superior e vontade abnegada. O **professor** lança as sementes das ideias na criança; estas, quando com a idade o cérebro se fortalece, dão a flor e o fruto correspondentes em consonância com o grau de iniciativa e fisionomia característica da inteligência do educando".

CÉLESTIN FREINET (1896-1966) e seu livro *Para uma escola do povo*.

Como qualquer grupo, nem todos os professores de todas as épocas se comportaram da mesma maneira. A própria tarefa docente de pensar e de ensinar a pensar leva a aceitar a diversidade de ideias, porém, ao longo da história, muitos professores não o fizeram. Em cada momento e em cada época histórica houve uma forma de ver o trabalho do professor (tradicional, revolucionário, religioso, conservador, autoritário, artista, divulgador...). Os componentes da profissão docente foram sempre os mesmos (escola, crianças, cadernos, tarefas, aulas, lousa etc.), mas não a escala de valores usada para determinar as prioridades. Cada um é diferente e as épocas marcam os homens e as mulheres; também marcam a forma de ver a educação e o magistério. No entanto, isso não é culpa de uma profissão.

O magistério é um reflexo dos momentos sociais e históricos em que se vive: professores tradicionais do início do século, que conviviam com professores que tentavam criar uma escola nova ou ativa; professores republicanos revolucionários; professores operários dos anos 1930, que dividiam a escola com monarquistas tradicionalistas; professores defensores da democracia durante as ditaduras, obrigados a se esconder dos professores fascistas do regime; professores progressistas do final do século XX, que lutavam contra professores tecnocráticos etc. A história do século XX foi repleta de rupturas: políticas, bélicas, ideológicas, sociais, familiares e educacionais. E cada geração de crianças teve uma forma de ver seu professor ou professora. Todos, por sorte, tivemos professores e temos uma lembrança perene não tanto do que nos ensinaram em sala de aula, mas de como nos trataram e nos orientaram. De sua humanidade e de sua relação conosco. A humanidade do professor ou da professora, mais do que aquilo que nos ensinaram. O caro pedagogo José Manuel Esteve[7] sempre falava da necessidade de ser mestre de humanidade.

José Manuel Esteve e seu livro *A terceira revolução educacional: a educação na sociedade do conhecimento* (São Paulo: Moderna, 2004).

---

7. José Manuel Esteve Zarazaga (1951-2010), amigo e catedrático de Teoria da Educação da Universidade de Málaga, dedicou parte de sua vida acadêmica ao estudo da profissão e da formação docente.

É verdade que os sistemas políticos desejam controlar ideologicamente a educação das pessoas porque ela é importante para ver e analisar a realidade social; portanto, veem os professores como um grupo fundamental para difundir determinada ideologia, com uma função de submissão e dependência aos poderes estabelecidos. Por isso, muitos governos desejaram um professor vulnerável que educasse crianças vulneráveis ao ambiente político. No século XX, em algumas nefastas ditaduras, os professores que morreram, foram mortos ou exilados por defender ideias diferentes foram substituídos por outros incumbidos de promover o sistema político vigente; por porta-vozes ideológicos sem critérios, pessoas sem formação para as quais ser professor era simplesmente uma recompensa por seus serviços a determinada guerra, a uma ideologia ou ao ditador. Os partidários de "a letra com sangue entra", das músicas entoadas em fila, das formações e cantos à bandeira etc. também foram professores, mas atuaram de outra maneira. Foram professores por obrigação, pela necessidade de sobreviver em uma sociedade flagelada pelas revanches e pelos ódios. Foram professores relegados na memória de uma época que não deixou marcas agradáveis nem em nossa mente nem em nosso coração ou sentimento. Seja como for, se nos lembramos deles, não os consideramos professores, e sim transeuntes passageiros em nossa vida. E o pior castigo para um professor ou uma professora é o esquecimento de seus alunos. Passar sem deixar marcas ou deixar uma marca que alguém faz questão de esquecer. Foram professores esquecidos.

Lembramo-nos, isso sim, de outros professores que nos amavam porque nos amavam e tinham compromisso com sua profissão (embora a maioria escondesse seus sentimentos), professores que em algumas regiões faziam um esforço para falar a língua reprimida, que encontravam um jeito de burlar as proibições, que organizavam passeios para mostrar a seus alunos o mundo existente fora das paredes da sala de aula, que faziam jornais com tiragens pequenas, que promoviam assembleias de classe para ouvir e ensinar a ouvir; ou simplesmente professores que tentavam tornar agradáveis as longas, frias e tediosas tardes de inverno; que sabiam que uma palavra dita no momento adequado valia mais que todo um tratado de pedagogia.

É a lembrança do professor primário (de primeiras ou segundas letras, como se dizia), do educador ou educadora que possui uma sensibilidade educativa (e muitas vezes uma grande dose de idealismo e compromisso) e que busca novos caminhos para educar melhor as crianças. O melhor tributo que lhes podemos oferecer é nos lembrar deles. A memória é a raiz do futuro e ninguém pode roubá-la de nós. São professores lembrados.

1.3 As mudanças nas funções do professor e da professora durante o século XX

A tarefa fundamental do professor é ensinar (considerado como conceito amplo) no âmbito de uma educação que ao longo do século XX é denominada "integral" (um termo praticamente esquecido agora); mas também é *aprender*. Não é um bom professor aquele que não aprende ensinando. Esta é uma das características do bom professor e da boa professora. A educação e as escolas não são feitas pelos Estados; quando muito, eles as constroem e as mantêm. São os professores e as crianças que as enchem de barulho, brincadeiras, choros, aulas e funções variadas. Uma escola é um ecossistema vivo e, como tal, repleto de vicissitudes.

Escola unitária[8] de meninas [1942].

Escola unitária de meninos [1942].

8. Escola normalmente da zona rural onde se educam grupos de crianças com idades e níveis diferentes em uma mesma classe.

Muitos de vocês que estão lendo este texto não o fariam nem seriam cultural e intelectualmente o que são sem a ajuda e o empurrão de um professor ou professora que soube ou percebeu que vocês precisavam do apoio dele ou dela para continuar caminhando e não ficar parados no meio do caminho. Muitos cidadãos escolheram sua profissão porque em algum momento de sua vida escolar surgiu em seu caminho um professor ou uma professora que, apaixonados por sua disciplina, lhes transmitiu essa paixão.

No século XIX, as leis começavam a ampliar as escolas em todos os países e, embora se ficasse muito pouco nelas (o tempo de permanência na escola foi aumentando progressivamente ao longo do século XX, mas sobretudo no final, configurando a terceira revolução educacional, como diria o já citado J. M. Esteve), a maioria dos meninos e das meninas passava por uma escola com uma única classe (escola unitária) ou por uma classe de uma escola maior. Nessas classes, os alunos estavam agrupados de acordo com o gênero, e apenas com o tempo elas passaram a ser classes mistas ou coeducativas. Nas classes havia também o professor ou a professora (estas, tantas vezes esquecidas por seu gênero) que, com um trabalho constante e discreto, queriam ensinar uma realidade passada e construir uma realidade futura, diferente.

Foi no século XX que, em vários países, foi estabelecida a escolarização obrigatória universal (embora ela ainda não exista em muitos países, infelizmente); ou seja, a permanência prolongada de todas as crianças nas escolas, que aumentou pouco a pouco e em coeducação (com exceções de caráter mais religioso que educacional). E isso foi feito com grande esforço por parte dos docentes. Ensinar uma minoria mais ou menos homogênea não é o mesmo que ensinar uma grande quantidade de meninos e meninas muito diferentes. No entanto, o que obrigou os professores a mudar a forma de educar não foi apenas a escolarização, mas foram também as reformas educacionais, os vaivéns da organização escolar, as novas tecnologias, a mudança social etc. Um esforço às vezes pouco reconhecido profissional e socialmente.

Para observar o trabalho de um professor em uma escola unitária pode-se assistir ao filme *Être et avoir* [*Ser e ter*] (2002):

Sinopse

Inspirado no fenômeno francês da escola unitária, o filme mostra a vida de uma pequena classe de um povoado ao longo de todo um curso, lançando um caloroso e sereno olhar para a educação primária no coração do Landes francês. Um grupo de alunos entre quatro e dez anos, reunidos na mesma classe, se forma em todas as disciplinas sob a supervisão de um único professor de dedicação extraordinária. Professor de autoridade tranquila, Georges Lopez conduz as crianças até a adolescência, intermediando seus conflitos e ouvindo seus problemas.

Na França continuam a existir escolas com meninos e meninas de todas as idades reunidos em uma classe única, na qual o professor tenta adaptar a matéria aos diferentes tipos de necessidades. Nela as crianças menores dividem com as maiores suas experiências e aprendizados. Esta é a realidade que nos mostra o filme *Être et avoir* (*Ser e ter*), um documentário dirigido por Nicolas Philibert. O filme foi rodado em um pequeno povoado da região de Auvergne, no norte da França.

A literatura profissional sobre essa realidade não é muito abundante, mas nesse tipo de escolas se realizam práticas inovadoras nas quais outros tipos de escola podem se inspirar, sobretudo no que diz respeito à diversidade presente na escola unitária.

As escolas unitárias destacam-se por sua diversidade e pelo envolvimento na vida da comunidade. A convivência caracteriza-se pelo escasso número de alunos e, graças a esse fato, o conhecimento que se tem deles e de suas famílias é muito profundo; isso facilita o trabalho em sala de aula. Outra consequência dessa realidade é que sua escola é integradora; aqui todos os meninos e meninas são aceitos e necessários para realizar aprendizados.

Dentro da organização da sala de aula, o agrupamento dos alunos é flexível, primeiro por necessidade e segundo pelas vantagens que traz quanto a metodologias inovadoras. Os agrupamentos são efetuados por "níveis abertos", em função do tipo de atividade ou do aprendizado a ser adquirido. Assim,

> um aluno pode incorporar-se durante certo período em um conteúdo em um nível inferior ou superior ao de sua idade sem que se produza uma ruptura da organização interna da classe. Com isso, cada aluno pode manter mais facilmente seu próprio ritmo de trabalho e aprendizado.
>
> É muito importante saber como programar, organizar e sequenciar os conteúdos. Para ter uma visão global, podem ser utilizados os "mapas de conteúdos" com o objetivo de identificar como se repetem nos diferentes níveis e com que profundidade. Depois, se faz a seleção de conteúdos, se estabelecem prioridades e se compatibiliza cada um deles à situação. Quando se trabalha um conteúdo, é proveitosa sua intervenção nos diferentes níveis e, para chegar ao conjunto dos alunos, tal conteúdo é adaptado às características pessoais destes.
>
> Outra nota de identidade é como se aproveita o contexto social e natural, utilizado como eixo motivador de novas aprendizagens e também para permitir que elas sejam acessíveis a todos. Qualquer pretexto serve para despertar a curiosidade e o interesse dos alunos.
>
> MARTÍNEZ-SALANOVA SÁNCHEZ, Enrique. *La escuela unitaria rural*. Disponível em: <www.uhu.es/cine.educacion/cineyeducacion/temasserytener.htm>. Acesso em: 20 out. 2015.

Como eu dizia, as importantes mudanças sociais e científicas (avanços científicos e tecnológicos, sociedade do conhecimento, imigração, contribuições culturais de todos os tipos, mudanças sociais e familiares, globalização etc.) ocorridas no século XX obrigaram os professores a buscar constantemente novas formas de ensino. Apesar de todas as dificuldades, a maioria continuou a trabalhar para analisar e compreender a realidade e para introduzir essas reflexões em sala de aula e na escola. Uma prova dessa preocupação e do desejo de compreender a mudança e a incerteza do mundo atual é a própria existência, no início do século XXI, de um grupo de professores e professoras altamente qualificados e da importância dada à formação permanente e às novas funções que têm surgido.

Já dissemos que as funções têm mudado. Desde o ensino das primeiras regras, letras e números, em uma escolarização rudimentar, de poucos anos, no início e em meados do século XX, na qual a família e outras instâncias socializadoras cumpriam funções complementares, até o último terço do século, com uma escolarização mais ampla, na qual as escolas tinham de assumir muitas funções de socialização não cumpridas pela sociedade circundante e mascarada pelas instâncias oficiais sob a denominação de temas transversais do currículo.

De uma função principalmente de instrução passou-se a uma função de educação e agente social. Embora seja verdade que, em pleno século XXI, as políticas conservadoras pretendem voltar ao debate da instrução e da educação manipulando a história, como explica muito bem Mariano Fernández Enguita em seu *blog*:

> A presidente de uma comunidade autônoma espanhola dizia que Condorcet e a Revolução Francesa atribuíram ao Estado a instrução, mas não a educação. Com isso queria dizer que não atribuíram a este a formação moral das pessoas, que ficaria a cargo da família. Mas está equivocada: a distinção de Condorcet e do poder legislativo francês não era entre instrução e educação, mas entre instrução e ensino; diferença que correspondia à divisão entre primário e secundário (como mestre e professor, aluno e estudante...), e que implicava também a dicotomia entre a mera transmissão de conhecimentos rudimentares (leitura, escrita básica e cálculo na instrução) ou certa imersão profunda no conhecimento (literatura, história etc., além de um manejo muito mais sofisticado da língua — característico da *dissertation* — no ensino). Além disso, tanto a Revolução e, mais tarde, a III República, decidiram expulsar a Igreja da instrução e do ensino. O próprio Napoleão, que entregou a instrução (primária) à Igreja, manteve esta última afastada do ensino (secundário).
>
> FERNANDEZ ENGUITA, Mariano. *La instrucción, la educación y Esperanza Aguirre*, 20 nov. 2011. Disponível em: <http://enguita.blogspot.com.es/2011/11/la-instruccion-la-educacion-y-esperanza.html>. Acesso em: 18 out. 2015.

Não obstante essas investidas neoconservadoras para justificar certas políticas em benefício de uma minoria, durante o século XX passou-se a assumir a relevância das questões socioculturais (por exemplo, a comunicação, o trabalho em equipe, os processos, a elaboração conjunta de projetos, a tomada de decisões democrática etc.). Foi uma mudança fundamental da profissão docente. Estas são questões que devem continuar a ser debatidas durante o século XXI.

O conceito da educação através da história

PLATÃO: *A República*. Dissemos, e com razão, que uma boa educação é a que pode dar ao corpo e à alma toda a beleza e toda a perfeição de que são capazes. A educação é a arte de atrair e conduzir os jovens para o que a lei diz estar de acordo com a reta razão e o que foi declarado como tal pelos sábios e anciãos mais experientes.

ROUSSEAU: *Emílio ou Da educação* (1821). A educação é obra da natureza, dos homens ou das coisas. A educação é a arte de educar as crianças e formar os homens. A educação nada mais é que a formação de hábitos.

J. DEWEY: *Democracia e educação*. A educação é a reconstrução da experiência que se acrescenta ao significado da experiência e que aumenta a habilidade para dirigir o curso da experiência subsequente.

G. DILTHEY: *Fundamentos de um sistema de pedagogia*. Por educação entendemos a atividade planejada, através da qual os adultos procuram formar a vida dos seres em desenvolvimento.

R. S. PETERS: *O conceito de educação*. Ser educado implica o domínio de certas práticas, o conhecimento e a compreensão de princípios. Para que esse ideal se concretize é preciso aprender uma grande quantidade de coisas diferentes. Por conseguinte, é lógico que passemos a considerar a existência de mais de um processo educacional. Os processos educacionais são: o treinamento, a instrução e o aprendizado por meio da experiência, o ensino e a aprendizagem de princípios, a transmissão do pensamento crítico, o diálogo e o homem total.

	Educação	Instrução
Tipologia	Desenvolver, aperfeiçoar, formar, introduzir e sensibilizar, conhecimentos relevantes, valores...	Ensinar, informar, doutrinar, atualizar, conhecimentos, padrões, capacitar, adestrar...
Duração	Alta duração. Trabalho personalizado	Baixa duração ou intensivo. De massa
Processo	Exemplos... Diálogo. Processo conscientizador. Comunidade. Autonomia e liberdade	Regras, normas... Indivíduo. Processo dependente

Educação e instrução. (Elaboração própria.)

1.4 A tarefa e a imagem social. Muito trabalho a ser feito

Ser professor não consiste apenas em ir fisicamente à escola, dar aulas, promover a leitura e ministrar exercícios e tarefas, como ainda pensam muitas pessoas. Quando éramos crianças pensávamos que o professor ou a professora era uma pessoa rígida, séria; não os imaginávamos como nossos pais (a não ser que eles também fossem professores); não percebíamos que podiam ter uma vida "normal", como a de nossas famílias.

Um exemplo, ENRIQUE ASENSI, professor de Canillas de Albaida (Málaga) em meados do século XX.

E é claro que eles tinham uma vida como todos os outros. À margem da sala de aula, do giz e da lousa, muitos professores trabalhavam pela cultura e pelas pessoas. Em muitos povoados e bairros, onde existe mais proximidade entre as pessoas, esses professores são lembrados muito bem. "Aquele que fazia de tudo", como ouvi um aluno falando de um professor durante a guerra civil espanhola; chamava-o de "o professor operário", porque não apenas lecionava para meninos e meninas de todas as idades nas horas de aula, mas também para os adultos do bairro ou do povoado, ou ao anoitecer redigia as cartas de pessoas que não sabiam escrever. Houve épocas nas quais muitos professores exerceram sua profissão todo o dia e parte da noite para a população de seu entorno. Para estes, a profissão era sua vida. Houve épocas, no decorrer do século XX (ditaduras, guerras...), em que para muitos a consciência política e social se unia com o compromisso de ensinar. As pessoas que tiveram professores operários, ou seja, comprometidos com a mudança social, nunca se esquecerão deles, embora às vezes a história da educação os tenha esquecido e condenado ao anonimato. Durante o século XX, lutaram para mudar a escola; muitos deles anônimos ou pouco reconhecidos, embora o trabalho de todos tenha contribuído para manter a escola atual. Não é possível falar da escola atual sem olhar para a escola e os pedagogos que a tornaram possível durante o século XX. A escola do século XXI é produto das lutas sociais e educativas do século XX. E ainda resta muito por fazer.

Não podemos nos esquecer também da longa e escura noite das ditaduras, em muitos países, que introduziu nas salas de aula um conceito de professor anódino, autoritário, conservador, com um integrismo religioso e ideológico e onde a resignação e o castigo[9] eram o pão de cada dia das escolas. Mas também muitos deles, sobretudo a partir dos anos 1960 (nos países em que as ditaduras já começavam a fraquejar, embora outras começassem a surgir), ofereceram uma resistência tanto no campo educacional, como no social e político. Que esta lembrança sirva de homenagem a sua resistência, pois, graças a eles, temos hoje as escolas que temos ou, pelo menos, escolas melhores que antes.

Durante as ditaduras, muitos professores iam a colégios, a reuniões clandestinas e à universidade em busca de novas ideias de outros

---

9. Lembramos que atualmente o castigo físico de meninos e meninas é aceito em 87% dos países do mundo.

professores; faziam parte de movimentos para recuperar as ideias da renovação pedagógica.[10] Em suma, buscavam o tesouro mais precioso da educação: a liberdade. Pensavam que ser professor vai além de ensinar crianças, que tinham de se comprometer com o ambiente e com as pessoas, que tinham de realizar uma tarefa política e social com a população. Embora hoje as circunstâncias tenham mudado, a concepção do professor como agente educativo e social do território não apenas continua vigente, mas aumentou consideravelmente, apesar de tendermos a falar de comunidade, já que aprendemos de muitas formas. Uma das funções atuais mais importantes do professor é seu papel como dinamizador importante da cultura e da comunidade no território.

Embora todos tenham consciência de que o professor não tem atualmente o monopólio do saber e que a sociedade atual divide sua função educadora com agentes muito poderosos (televisão, ambiente, família, redes sociais, internet etc.), muitos continuam, à margem de seu trabalho concreto, participando de algumas ONGs, realizando tarefas de cooperação, de colaboração em associações de bairro e de professores, e muitas outras atividades pedagógicas e culturais e de formação permanente.

Um grupo profissional tem as características das pessoas que o constituem. A maneira de ter acesso ao magistério no início do século XX nada tem a ver com a do século XXI. Nem sua imagem social. O século XXI deverá ser o da superação da famosa frase: "Passa mais fome que um professor" e da formação curta e deficitária. O aumento de salários com que se compensou o trabalho do professor primário e o prestígio de seus estudos foram algumas das lutas constantes da profissão. E é preciso continuar a lutar por isso em todo o mundo.

Embora o trabalho de professor de ensino fundamental nunca tenha sido bem remunerado, durante o século passado essa situação

---

10. Lembramos aqui a recuperação do movimento Freinet pela Associação Espanhola para a Correspondência e a Imprensa Escolar (ACIES), fundada em dezembro de 1974, como precedente do Movimento Cooperativo de Escola Popular (MCEP), e a fundação da Associação Rosa Sensat em 4 de outubro de 1965, como movimentos de renovação pedagógica em Barcelona e de grande influência em toda a Espanha.

lastimável que obrigava a viver com dificuldades econômicas (ou a complementar a alimentação com os presentes dos alunos e da vizinhança) foi sendo superada em muitos países. Mas essas conquistas foram obtidas com luta: reivindicações, greves, associações, sindicatos etc. Pouco a pouco inseriu-se socialmente a importância do trabalho e sua reivindicação de um salário digno, apesar de não de todo satisfatório (e, é claro, não em todos os países). Além dessas questões salariais, o professor e a professora sempre obtiveram o respeito de muitos pais e mães que encontravam neles uma ajuda ou um conselho. Ser professor sempre foi, socialmente, uma profissão digna de respeito pelo povo; não tanto pelos que governam, por alguns intelectuais vaidosos e prepotentes e pelos que estabelecem as leis. Sempre pensei que os professores têm uma percepção de baixa consideração social e que isso não corresponde à realidade dos pais, da família ou da comunidade.

E uma das mudanças mais importantes foi sua formação. De uma formação inicial escassa, não universitária, onde se entrava criança e se saía como adolescente professor e onde o professor sabia "um pouquinho mais que os meninos e as meninas", a uma formação inicial que foi mudando ao longo do século XX e muito mais no século XXI, configurando uma formação inicial de professores primários com estudos adequados dos conhecimentos psicológicos e pedagógicos que avançaram tanto durante o século passado.

A formação permanente mudou ainda mais. Hoje em dia é imprescindível para trabalhar como professor. Quando as funções do professor primário eram simples, ele não se preocupava muito; e como a permanência dos alunos na escola durava pouco, um professor ou uma professora de ensino básico podiam-se permitir o luxo de estudar primeiro e depois exercer o ofício até se aposentar. Agora é preciso estudar e depois continuar estudando. Já desde o primeiro terço deste século e, sobretudo, desde meados do século XX, o professor tem de estudar sempre. Por isso, a formação permanente, que historicamente dependia da livre vontade do professor (e podemos dizer que, no final do século XX, supunha a proposta tanto da direção da escola como de outras instâncias ou dos próprios professores), havia assumido uma função essencial para a melhoria da profissão, uma vez que era necessária a aquisição de novas competências profissionais inexistentes no início do século XX; por exemplo, capacidades de processamento da informação, capacidade de gerar conhecimento pedagógico para as escolas, de fazer pesquisas sobre sua prática, de analisar e refletir criticamente.

As contribuições da teoria crítica nos proporcionam elementos de reflexão para analisar a dependência sociocultural dos indivíduos e nos permitem estar alertas para realizar uma reflexão e uma autorreflexão sobre as contradições que surgem no desenvolvimento da ação educativa. A teoria crítica também permite levar em conta um princípio de respeito pela diversidade e singularidade livremente escolhidas pelos participantes. Tenta ser um elemento democratizador da educação, já que pretende uma análise sobre o que faz; procura desenvolver capacidades reflexivas para interpretar, compreender e refletir sobre o ensino e a realidade social de forma conjunta com seus companheiros; busca trabalhar, com seus colegas de profissão e com a comunidade, a orientação e o diagnóstico de problemas de aprendizagem diante da diversidade do alunado; visa tomar decisões sobre o que se tem de ensinar, avaliar, e fazer projetos tanto trabalhistas e sociais como educacionais. E muitas outras novas capacidades que antes não eram necessárias no ofício de professor primário e que hoje em dia se tornam imprescindíveis para adquirir mais autonomia e profissionalização e, é claro, para melhorar a aprendizagem dos alunos.

1.5 Velhas e novas funções. Rumo ao futuro

Já dissemos que as funções dos professores de ensino básico e até as dos alunos mudaram ao longo do tempo. O mesmo aconteceu com o mundo que nos rodeia. Das velhas funções de instruir as crianças nas quatro operações e aprender a ler e a escrever passou-se a uma educação mais ampla, mais completa, que abarca todos os aspectos das crianças: físicos, emocionais, intelectuais, sociais... Os professores já não são aquelas pessoas que, recorrendo a um livro único ou enciclopédico (para todas as matérias), ensinavam as questões básicas para poder ter acesso à cultura. No século XXI, eles se converteram em profissionais da educação e do conhecimento, porque as questões sociais são muito importantes.

A realidade social das instituições escolares reflete os conflitos vividos hoje em dia nas famílias, nos relacionamentos, no ambiente social, nos grandes meios de comunicação, nos sistemas políticos etc. E os professores de ensino básico sofrem esses conflitos, mas assumem novos papéis educativos, novos desafios que exigem estar atualizados sobre o que acontece no campo científico e social. A maioria do grupo sempre procurou soluções, tanto na teoria como na prática, embora muitas vezes a sociedade não tenha consciência disso.

As escolas vão mudando e os professores têm de fazê-lo no mesmo ritmo. É possível que, a longo prazo, muitas das coisas que têm sido ensinadas nas escolas possam ser aprendidas fora das paredes das salas de aula. No entanto, não será possível enfrentar o futuro sem ensinar e aprender a complexidade de ser cidadão e as diversas sensibilidades nas quais se materializa: democrática, social, solidária, igualitária, intercultural e relativa ao meio ambiente. E isso será aprendido na escola. Também é possível que, em alguns lugares, o trabalho de professor seja exercido em condições de pobreza endêmica; trata-se de meninos ou meninas que, por terem nascido em determinado lugar, estão condenados à exclusão social (mal que continua presente em nossa sociedade, onde ainda há muita pobreza e miséria). Já é impossível que a educação por si só possa combater a exclusão social em um mundo onde muitas crianças correm o risco de ser excluídas do sistema social e educacional.[11] Os professores e as professoras precisam de outras instâncias socializadoras que se comprometam, que os ajudem

---

11. A Declaração do Milênio foi aprovada na Cúpula do Milênio, realizada em Nova York, de 6 a 8 de setembro de 2000, com a participação de 191 países. Um dos objetivos era alcançar o ensino básico universal. E ainda resta muito a fazer.

e divulguem a mesma mensagem. Por isso, uma das novas funções dos professores é trabalhar lado a lado com a comunidade em uma nova ecologia educacional.

E nesta sociedade haverá muitos aspectos importantes que só poderão ser aprendidos nas escolas; entre eles, a de ser um cidadão que respeite a si mesmo e aos outros, sejam eles quem forem, bem como a seu ambiente. Será importante desenvolver nas crianças e nos professores o respeito e a tolerância, dois conceitos que terão um papel fundamental no mundo que construímos dia a dia.

São mudanças que se refletem na profissão. Do trabalho isolado com uma classe passou-se à equipe docente. Hoje em dia não é possível ser professor sem trabalhar em equipe. Os modelos relacionais e participativos são imprescindíveis na profissão de ensinar. E, acima de tudo, durante o século XXI passou-se a uma reflexão sobre os aspectos éticos, relacionais, grupais, atitudinais, emocionais dos professores, que vão além dos aspectos puramente técnicos e "objetivos" que predominaram durante quase todo o século passado. São temas cada vez mais imprescindíveis nas escolas atuais e no novo papel dos professores para ensinar melhor as futuras gerações.

Atualmente, a profissão de professor assume um caráter mais relacional, mais cultural-contextual e comunitário, onde adquire importância a interação entre os colegas e todas as pessoas vinculadas à comunidade ou às redes de intercâmbio. O século XXI configura uma nova forma de ser professor, uma vez que este tem de participar ativa e criticamente em seu contexto e transmitir aos futuros cidadãos e cidadãs certos valores e certas formas de comportamento democrático, igualitário, que respeite a diversidade cultural e social, o meio ambiente etc. E isso custa mais que antes.

Repetimos à saciedade que ser professor no século XXI mudou muito. Mudaram suas funções (aumentaram e se diversificaram muito) e sua imagem social. O século XX foi um século de mudanças vertiginosas, em que muitos professores se atualizaram e assumiram novas funções educacionais e sociais, mas também muitos deles, no final do século, não sabiam o que estava acontecendo com as crianças, com o conhecimento científico, a tecnologia, as demandas sociais etc. A incerteza e a mudança introduziram-se no ensino básico, e os professores precisam conviver com elas e para assumir essas novas funções. E nesse aspecto constituem a maioria, tenho certeza.

---

19. Decidimos ainda:

• Reduzir para metade, até o ano 2015, a porcentagem de habitantes do planeta com rendimentos inferiores a um dólar por dia e a das pessoas que passam fome; de igual modo, reduzir para metade a percentagem de pessoas que não têm acesso a água potável ou carecem de meios para o obter.

• Velar por que, até esse mesmo ano, as crianças de todo o mundo — meninos e meninas — possam concluir um ciclo completo de ensino primário e por que as crianças de ambos os sexos tenham acesso igual a todos os níveis de ensino.

Fragmento da Resolução aprovada pela Assembleia Geral da ONU, 13 de setembro de 2000. Disponível em: <www.pnud.org.br/Docs/declaracao_do_milenio.pdf>. Acesso em: 15 jun. 2015.

Resolução da ONU

CAPÍTULO 2

Qualidade e fragmentação curricular na escola. Fragmentação ou globalização?

A cultura profissional pedagógica do professorado, aquela que, a meu ver, se desenvolve nas escolas por meio da prática de trabalho,[1] caracterizou-se historicamente pelo isolamento em salas de aula fechadas, pela individualização do ensino (o celularismo escolar),[2] pela falta de projetos compartilhados (o processo educativo de aula fechada ou a metáfora da escola como uma caixa de ovos) e pela fragmentação do conhecimento em matérias e especialidades estanques (a arquitetura dos edifícios escolares e a organização e gestão das instituições educacionais talvez também contribuam para isso).

Se nos concentramos na cultura da fragmentação[3] do conhecimento nas aulas (também chamada quebra-cabeça, mosaico ou currículo

---

1. Schein (2004) definiu as culturas organizacionais como "um padrão de crenças básicas compartilhadas que um grupo aprendeu sobre como resolver seus problemas de adaptação externa e integração interna, e que funcionou bem o suficiente para ser considerado válido e, portanto, é ensinado aos novos membros como a maneira correta de perceber, pensar e sentir em relação a esses problemas".

2. Denomina-se celularismo escolar o predomínio do trabalho isolado e individualista na escola, onde o professorado funciona individualmente e cada um desenvolve sua própria metodologia de trabalho em sala de aula.

3. De acordo com Laura Fumagalli, "costuma-se identificar a fragmentação curricular com a organização dos conteúdos em disciplinas ou matérias. Sob esse ponto de vista, a solução para

enciclopedista), esta se introduziu em uma época determinada de finais do século XIX e princípios do século XX, quando a especialização parecia ser a panaceia para todos os males da sociedade, e se transferiu para o ensino com perspectivas mais academicistas, mais fechadas e centradas nas disciplinas. Um exemplo é a endêmica especialização disciplinar do ensino médio, em cujo âmbito os alunos veem transitar mais professores por classe durante um curso acadêmico que os alunos universitários, o que leva a supor que eles sejam preparados para assimilar um conhecimento mais especializado. É disso que nossos jovens necessitam para viver na sociedade da informação e do conhecimento, ou os aproxima mais da sociedade da ignorância e da manipulação, já que se pretende que se saibam muitas coisas e possivelmente mal, além de não relacionadas entre si? Ajuda-os a analisar e a assimilar os processos complexos atuais? Serve para estabelecer relações entre os saberes? Onde ficou o discurso educacional da globalização e da interdisciplinaridade de dezenas de anos anteriores? Melhora a educação e aumenta a qualidade graças à especialização de saberes ou as diminui? É possível aprender competências fragmentando o currículo? São perguntas importantes, algumas das quais de difícil resposta.

Por tudo isso, embora pareça um debate superado, a fragmentação profissional deve voltar à mesa das discussões relativas à educação. O século XXI nos apresenta novos desafios. Um deles é a revisão do ensino das disciplinas, da forma de aprender os múltiplos saberes. E qual é o motivo disso? Se em uma época esteve em moda a superespecialização que levou a uma fragmentação pedagógica ou dos saberes (profissional e curricular), que se instaurou em parte do ensino básico com as reformas dos anos 1970 a 1990 (os planos de estudo criaram uma infinidade de professores especialistas em ensino fundamental), e de maneira decidida no ensino médio, parece que, na sociedade

---

a fragmentação seria simples, pois bastaria apenas elaborar projetos curriculares nos quais os conteúdos a ser ensinados sejam apresentados em 'áreas', ou ao redor de 'problemas' ou de 'temas de abordagem multidisciplinar' ou de qualquer outro elemento organizador de conteúdos que não tome como referência as disciplinas acadêmicas" (FUMAGALLI, Laura. *Comisión I*: alternativas para superar la fragmentación curricular en la educación secundaria a partir de la formación de docentes). Disponível em: <http://www.oei.es/docentes/articulos/alternativas_superar_fragmentacion_curricular_educacion_secundaria_fumagalli.pdf>. Acesso em: 16 jun. 2015.

atual, a especialização (a fragmentação profissional e curricular) pode ser um obstáculo para responder aos atuais problemas sociais e educacionais da vida cotidiana. Vejamos por quê.

Enquanto a sociedade se move em um amplo conceito de flexibilidade e em uma especialização flexível ou de competências, os processos de ensino-aprendizagem continuam ancorados em uma fragmentação dos saberes e com um professorado que tem cada vez mais dificuldades para estabelecer e ensinar as relações entre tais saberes. A fragmentação é grave, e não é uma questão metodológica, mas de impacto profundo, já que provoca uma desconstrução dos saberes e, portanto, introduz na educação uma atomização, uma superficialidade dos conhecimentos. Tampouco contribui para uma boa construção dos esquemas de conhecimento de que os alunos precisam para entender o mundo circundante e as competências necessárias para se desenvolver nele.

Mas o que significa a fragmentação curricular unida à fragmentação profissional do saber docente? Podemos comparar a fragmentação profissional de professores e professoras à especialização ou atomização acadêmica e perceber que ela está unida à fragmentação curricular que se desenvolve como consequência da maneira de organizar o currículo em disciplinas ou matérias (e o controle destas e dos alunos), e que implica uma distribuição desarticulada dos tempos e das relações entre os conteúdos de ensino e uma articulação nula entre saberes das diversas disciplinas.

Mas, a uma análise superficial, o exposto anteriormente parece, e talvez seja, muito simples e limitado, já que a fragmentação poderia ser interpretada unicamente como uma tecnologia ou metodologia disciplinar (ou seja, uma metodologia onde separamos as disciplinas). E não é o que acontece. A fragmentação profissional e curricular é uma consequência de políticas curriculares (entre outras, a fragmentação de tarefas) e de uma concepção do conhecimento e do currículo que vai além da simples distribuição de matérias; é uma concepção determinada, uma ideologia da forma de aprender os saberes nos diversos contextos que configuram a realidade social, rompendo a unidade social e educativa interna em relação aos conteúdos, com um predomínio do ensino de fatos e dados, separando conteúdos próximos, aumentando a distância entre o saber escolar e o cotidiano. É uma forma de ver o mundo (de estar e ver a realidade, que não corresponde ao mundo do conhecimento dos saberes) para conhecer, transferir, interpretar e compreender a complexidade da realidade que existe através da contribuição de cada disciplina e de novas realidades científicas que vão surgindo constantemente.

No entanto, para não cair em afirmações gratuitas ou em frivolidades, temos de analisar essa fragmentação profissional que acarreta uma fragmentação curricular nas escolas de ensino básico, e sobretudo de ensino médio (sem nos esquecer do universitário); temos de ampliar a perspectiva da análise e ver se essa fragmentação possibilita um maior aprofundamento ou construção dos conhecimentos ou se, ao contrário, aumenta a superficialidade de tais conhecimentos.

2.1 Fragmentar ou não fragmentar? Eis a questão

A fragmentação profissional que envolve a fragmentação curricular é uma tendência moderna dos sistemas educacionais. Foi aumentando paulatinamente no ensino universitário e passou, por mimetismo, para o ensino médio; por fim, chegou ao ensino fundamental. Essa fragmentação implica também a ruptura de uma unidade acadêmica da profissão docente de professores primários com grandes monólogos isolados, sem conexão entre si, que fogem de uma má homogeneização profissional que torna todos iguais com sua especialização; de modo que surgem denominações diferentes por etapas, títulos de especialização, carreiras docentes diferentes ou menções especializadas; o que implica a percepção de uma excessiva valorização do que eu faço em relação com o que os outros fazem (minha disciplina, minhas crianças, meus livros, minhas coisas...). Neste mesmo sentido, é verdade que a fragmentação pode criar a ilusão de aumentar o prestígio da profissão docente, já que estabelece uma diferença no interior da homogeneidade profissional. Mas é uma percepção que não beneficia o ensino das disciplinas nem, portanto, o desenvolvimento educacional da infância e da juventude, pelos motivos apresentados anteriormente.

As disciplinas são construtos complexos gerados ao longo da história. Uma disciplina é um procedimento acadêmico que nos ajuda a entender um campo de conhecimento, mas não pode ser nunca uma finalidade educativa em si mesma. Supõe, em todo o caso, um processo para que se aprenda o que aconteceu, o que acontece e o que pode acontecer. Não podemos analisar as disciplinas acadêmicas transformadas em algumas matérias sem levar em conta a realidade (científica, social, econômica...) que hoje envolve os alunos e a escola. Se a visão do que aconteceu e do que acontece, do saber construído e produzido, é estudada de forma fragmentária e em um espaço de tempo determinado, é fácil deduzir que o saber docente pode converter-se em um saber mais teórico (e não tanto de conhecimento prático) e que isso não possibilita uma integração intelectual; é fácil também cair no desenvolvimento de um conhecimento irrelevante e, é claro, com uma visão reduzida e fragmentada do saber e de sua relação com outros saberes.

A fragmentação curricular, e por fim profissional, implica analisar o projeto e o desenvolvimento do currículo em um tempo e em um espaço determinados, com uma estrutura e sequência didática restrita e excessivamente pautada, já que comporta atividades específicas em um momento concreto e diferente entre as diversas disciplinas. Embora pareça um paradoxo, a especialização introduz no ensino uma concepção de maior produtividade em menor tempo, e um tratamento pouco adequado da diversidade, pois precisa homogeneizar o conhecimento e, portanto, os sujeitos que aprendem. E isso implica um início de segregação por meio do currículo, uma educação baseada em uma racionalidade técnica ou instrumental que dá mais importância ao produto, aos fins, que ao processo.[4]

---

4. Shön, D. (1998) nos diz: "A racionalidade técnica é a herança do positivismo do século XIX, onde as únicas exposições significativas sobre o mundo eram as baseadas na observação, e o fundamentaram em elementos irredutíveis de experiência sensorial, começaram a ver a natureza como construções criadas para explicar os fenômenos observados, e a ciência se converteu para eles em um sistema hipotético-dedutivo onde o empírico podia ser sustentado pelo experimento. A função das escolas profissionais era que os especialistas criassem teorias e que os técnicos as aplicassem na prática. Mas essa divisão reflete uma hierarquia de tipos de conhecimento que também constituía um *status*".

2.2 Ensinar e aprender o saber para aumentar a qualidade da educação

Como comentei anteriormente, no ensino fundamental e, sobretudo no médio, a fragmentação foi aumentando. Quando se comenta em diversos meios de comunicação, profissionais ou não, que os alunos de hoje carecem, entre outras coisas, de esquemas amplos de conhecimento, de relações entre eles, de determinada visão da ciência e da realidade, dificilmente se analisa que, entre outras coisas, isso é produto da fragmentação curricular que se criou ao longo da vida escolar. E o foco de culpabilização se desloca para outros rumos, piorando a questão, como a falta de formação especializada dos professores, sobretudo em língua materna e matemática.[5] A solução que se apresenta é oferecer mais formação, mais especialização, já que isso suporia ensinar mais e melhor. É a falácia de que quanto mais o professor ou a professora sabem sobre um assunto, melhor o explicarão, os alunos aprenderão mais sobre ele... e depois integrarão esse conhecimento ao longo do processo educativo ou ao longo de sua vida. Mas já sabemos que não é verdade. Isso não significa que não é preciso saber os conteúdos que se ensinam. Os professores precisam saber os conteúdos, mas isso nunca é suficiente. É certo que, quanto mais souberem, melhores professores serão, mas eles precisam de outros elementos para provocar a aprendizagem de seus alunos.

Vejamos algumas consequências de uma maior fragmentação curricular e profissional, o que pode nos fornecer pistas sobre o que está acontecendo no século XXI nas instituições de ensino fundamental e médio. Se trabalho o que me cabe (minha disciplina), não preciso conhecer as relações nem as articulações que existem entre os conteúdos acadêmicos que possuo (se é que cheguei a entender as relações dentro dos que sei) e os que possuem outros colegas que ensinam outras coisas (por exemplo, música, artes, educação artística, expressão...). A vida escolar fica assim fragmentada, o saber fica

---

5. Muita responsabilidade cabe aos relatórios internacionais que representam uma forma determinada de ver a educação, o conhecimento e a cidadania.

atomizado e as relações entre os diferentes saberes deverão ser construídas pelos alunos com esquemas que eles não possuem, que não desenvolveram precisamente devido à fragmentação curricular. Não se desenvolveram competências, já que é difícil fazer a transferência para a realidade. Para que isso acontecesse, a fragmentação deveria ser acompanhada de uma coerência nas práticas docentes — que analisaremos mais adiante — dos diversos professores que intervêm em um grupo de alunos; mas isso também não é facilitado pela divisão dos saberes.

A fragmentação também nos leva a dar mais destaque à instrução, às noções, aos acontecimentos, aos dados, ao fato de que isso que sei deve ser incorporado ao processo cognitivo dos alunos tal e como eu o sei, tal e como eu o programo (já que programo minha disciplina organizando e selecionando conteúdos especializados), tal e como se estuda nos livros de forma descontextualizada (talvez não se analisou suficientemente que a fragmentação profissional comporta uma dependência do livro didático ou manual único, já que é ele que facilita o conhecimento concentrado de minha disciplina). O tempo e o espaço dedicados à disciplina não ajudarão a entender as diversas relações disciplinares e fortalecerão a transmissão verbal e conceitual da disciplina em sala de aula, esquecendo frequentemente a perspectiva institucional e coletiva de ensinar e aprender conjuntamente em uma instituição educacional que prepara para a vida.

Por outro lado, enquanto na atualidade vai sendo introduzido o currículo por competências, para estabelecer perfis integrais de nossos alunos ao finalizar alguns estudos, a prática da fragmentação profissional e curricular não possibilitará o desenvolvimento de novas competências transversais (sejam elas procedimentais, atitudinais ou de outro tipo), já que a especialização tem uma forte tendência para os saberes e noções conceituais isolados e adquiridos por mecanismos de memória repetitiva. É um paradoxo. As competências precisam de visões globais, metodologias globalizadoras e interdisciplinares e a fragmentação atual das escolas não permite isso. Pode-se elaborar currículos por competências, mas será impossível assumir essas competências se não se acabar com a fragmentação curricular.

A sociedade já não é o que era antes (está sempre mudando) e, em decorrência disso, o ensino também não é (relações entre sociedade, família, comunidade, meios de comunicação, professorado, alunos etc.), assim como as situações que acontecem em sala de aula. Se a sociedade foi mudando, temos de analisar se a fragmentação ajuda ou não a compreender essa nova realidade mutável, se permite uma visão mais dinâmica dos saberes e se é útil para a aprendizagem dos diversos campos de conhecimento.

Se a fragmentação não é útil para isso, significa que atrapalha e rejeita a perspectiva complexa da realidade atual. Morin (2000) nos diz que a fragmentação de saberes (natureza/cultura, ciências/humanidades, sujeito/objeto) leva a uma visão reducionista para resolver problemas globais e fundamentais. Esse é um dos males mais perigosos dessa especialização no ensino.

O sociólogo Edgar Morin[6] (2012)

---

6. Edgar Morin, pseudônimo de Edgar Nahoum, nascido em 1921, elabora a teoria do pensamento complexo, em que a realidade é compreendida e explicada simultaneamente de todos os pontos de vista possíveis. Entende-se que um fenômeno específico pode ser analisado por meio das mais diversas áreas do conhecimento, mediante o "entendimento transdisciplinar", com o qual se evita a habitual redução do problema a uma questão exclusiva da ciência que se professa. Ver

> Os **sete saberes necessários para uma educação do futuro** são:
> - Uma educação que cure a cegueira do conhecimento;
> - Uma educação que garanta o conhecimento pertinente;
> - Ensinar a condição humana;
> - Ensinar a identidade terrena;
> - Enfrentar as incertezas;
> - Ensinar a compreensão;
> - A ética do gênero humano.
>
> Morin, E. *Os sete saberes necessários à educação do futuro*. 2. ed. Trad. Catarina Eleonora F. da Silva e Jeanne Sawaya. Revisão técnica de Edgard Assis de Carvalho. São Paulo/Brasília: Cortez/Unesco, 2011.

Os sete saberes segundo Morin

2.3 Aprender a aprender, sim, mas também aprender a integrar (e a desfragmentar)

Deveríamos repensar a fragmentação profissional nos diversos níveis em que se ensinam o professorado a aprender a ensinar: curricular, na formação inicial e na formação permanente.

A desfragmentação curricular é suficientemente conhecida por meio das propostas alternativas de enfoques globalizadores,[7] multidisciplinares[8] e interdisciplinares[9] (Morin fala também de *transdisciplinaridade*)

Morin, E. *Os sete saberes necessários à educação do futuro*. Trad. Catarina Eleonora F. da Silva e Jeanne Sawaya. Revisão técnica de Edgard Assis de Carvalho. São Paulo/Brasília: Cortez/Unesco, 2011.

7. O enfoque globalizador apresenta os conteúdos relacionados em torno de um tema que atua como organizador e promove a participação dos alunos em seus processos de aprendizagem.

8. Em enfoques multidisciplinares, a forma de organizar os processos de ensino e aprendizagem está centrada no tratamento de um entre vários temas sob a perspectiva ou a visão de uma disciplina, mas incluindo o conteúdo de outras. Os alunos estabelecem as relações necessárias entre as diversas contribuições das disciplinas para complementar o conhecimento.

9. No enfoque interdisciplinar, o saber é proveniente de diferentes campos científicos. A interdisciplinaridade é uma concepção holística da realidade, ou seja, considera-a como um

de algum tempo, em um currículo integrado e não fragmentado em disciplinas acadêmicas. Em outras palavras, planejar e desenvolver o currículo por meio de uma organização em centros de interesse,[10] em temas ou projetos de trabalho multidisciplinar ou com metodologias similares.[11]

Enfoque multidisciplinar. Maneira de organizar o processo de ensino e aprendizagem centrado no tratamento de um ou vários temas sob a perspectiva ou a visão de uma disciplina, mas incluindo o conteúdo de outras. É o estudante quem estabelece as relações necessárias entre as diversas contribuições das disciplinas para complementar o conhecimento (Drake, 1993).

Enfoque multidisciplinar. É a justaposição de várias disciplinas que abordam um problema sem a intenção deliberada de integrar o conteúdo (Meeth, 1978).

Enfoque multidisciplinar. Nível inferior de integração. Ocorre quando, para se solucionar um problema, procuram-se informações e ajuda em várias disciplinas, sem que essa interação contribua para modificá-las ou aprimorá-las (Piaget, 1979).

Enfoque interdisciplinar. É um movimento que parte das disciplinas, que fornecem conteúdos sobre o tema tratado de maneira independente. Essas contribuições baseiam-se na lógica interna de cada disciplina. As relações entre os conteúdos fornecidos geralmente são realizadas pelo professor, e o aluno as assimila mais tarde. As contribuições são principalmente de caráter conceitual, que são as que mais definem cada disciplina (Sánchez Iglesia, 1995).

Enfoque interdisciplinar. Esse enfoque é uma experiência de aprendizado abrangente que combina habilidades e perguntas de mais de uma disciplina para estudar um tema central, um assunto, um conceito, uma situação ou uma *inquiry* (Smith e Johnson, 1994).

---

todo que é mais que soma das partes. O docente geralmente faz as relações entre os conteúdos apresentados.

10. Ovide Decroly (1871-1932), baseando-se em um enfoque globalizador, introduziu os centros de interesse nas escolas no início do século XX. Uma de suas obras de referência é *La fonction de globalisation et l'enseignement* (Bruxelas: Fondation Ovide Decroly-Centre d'Études decrolyennes, 1929).

11. Para ampliar, ver ZABALA, A. *Enfoque globalizador y pensamiento complejo.* Barcelona: Graó, 1999.

Enfoque interdisciplinar. Segundo nível de associação entre disciplinas, no qual a cooperação entre várias disciplinas leva a interações reais; ou seja, existe uma verdadeira reciprocidade nos intercâmbios e, por conseguinte, enriquecimentos mútuos (Piaget, 1979).

Enfoque interdisciplinar. Visão do conhecimento e enfoque curricular que utiliza conscientemente a metodologia e a linguagem de mais de uma disciplina para examinar um tema central, um assunto, um problema ou uma experiência. Deve ser utilizado apenas quando o problema apresentado reflete a necessidade de superar a fragmentação (Jacobs, 1989).

QUINTANA, Hilda E. *Integración curricular y globalización.* Palestra apresentada no Primeiro Encontro Nacional de Educação e Pensamento, Porto Rico, Universidade Interamericana, 9-11 jul. 1998. Disponível em: <http://ofdp_rd.tripod.com/conferencia/hquintana.html>. Acesso em: 16 jun. 2015.

Enfoques curriculares

Fases habituais do método de projetos

1. Informar: Durante a primeira fase, coletam-se as informações necessárias para a resolução do problema ou da tarefa proposta. A proposição das tarefas/objetivos do projeto deve desenvolver-se conjuntamente com todos os participantes do projeto com a finalidade de obter um alto grau de identificação e de motivação, tendo em vista a realização do projeto.
2. Planejar: A fase de planejamento caracteriza-se pela elaboração do plano de trabalho, pela definição dos processos metodológicos e pela determinação dos instrumentos.
3. Decidir: Deve-se decidir conjuntamente quais possíveis estratégias de solução se deseja seguir.
4. Realização do projeto: Durante a fase de realização do projeto, a ação experimental e investigadora passa a ocupar um lugar prioritário. A realização das tarefas de aprendizagem e trabalho deve ser o mais autônoma possível.
5. Acompanhar: Uma vez concluída a tarefa, os próprios alunos realizam uma fase de autocontrole com o objetivo de aprender a avaliar melhor a qualidade de seu próprio trabalho.
6. Analisar, refletir (avaliar): Uma vez finalizado o projeto, realiza-se uma discussão final na qual o professor e os alunos comentam e discutem conjuntamente os resultados obtidos.

Adaptado de: TIPPELT, Rudolf; LINDEMANN, Hans-Jürgen. *El método de proyectos.* Disponível em: <www.halinco.de/html/doces/Met-proy-APREMAT092001.pdf>. Acesso em: 16 jun. 2015.

O método de projetos como metodologia integradora

Fases habituais dos centros de interesse de acordo com O. Decroly

Os centros de interesse são constituídos por três fases:

1ª fase: observação. Esta etapa consiste em observar direta e indiretamente a realidade sobre a qual trata o centro de interesse. Baseia-se em experiências sensoriais e percepções que ajudam os alunos a conhecerem qualidades (noções de peso, distância...).

2ª fase: associação. Esta etapa surge depois de determinar a realidade observada. Tudo o que se captou serve de base para relacionar o novo que o aluno deve aprender sobre o tema. Estabelece relações lógicas, espaciais, temporais e científicas entre objetos e suas qualidades, com todos esses conhecimentos. Os alunos realizam comparações, organizam, deduzem conclusões de causa e efeito e com tudo isso formam seus esquemas mentais.

3ª fase: expressão. Nesta etapa se expressam os conhecimentos adquiridos sobre os centros de interesse, utilizando diferentes meios de expressão oral ou escrita, como desenhos, redação, músicas, gestos etc., que transmitem tudo o que se aprendeu.

Além de muitos livros que tratam do tema, pode-se consultar uma série de páginas da Internet como: <http://portaldoprofessor.mec.gov.br/storage/materiais/0000012770.pdf>. Acesso em: 20 jun. 2015.

Globalização através de centros de interesse

OVIDE DECROLY (1871-1932). No princípio de globalização de Decroly, as disciplinas são organizadas em quatro áreas: a história, enquanto associação com o tempo; a geografia, com o espaço; as atividades expressivas (linguagem, desenho, música) e as de observação, que se concretizam como exploração do espaço.

É no momento de determinar o currículo do magistério, de formação inicial do professorado, que se deveria dar ênfase a aspectos que não facilitem a fragmentação profissional, como ter acesso a um conhecimento pedagógico geral e a um conhecimento didático específico que permita construir um quadro conceitual, crítico e explicativo amplo e de referência das diversas disciplinas articuladas em diferentes propostas curriculares mediante situações problemáticas multidisciplinares. Tais situações poderiam ser trabalhadas como casos, de modo a ajudar o futuro professor a selecionar e a organizar conteúdos e atividades globalizadoras e interdisciplinares, integrando os diferentes conceitos de forma reflexiva. Desse modo, ele poderia compreender melhor os diversos contextos em que exercerá a profissão docente e, é claro, realizar essa tarefa com colegas, desenvolvendo capacidades relacionais e de intercâmbio, e não simplesmente receitas didáticas. Aprender e aplicar metodologias globalizadoras e interdisciplinares ajudaria a transferir posteriormente metodologias desfragmentadoras para sua prática profissional.

Por outro lado, a formação permanente do professorado será fundamental para desaprender a fragmentar. Há muito tempo defende-se o desenvolvimento de processos de estudo, de pesquisa e de projetos onde o professorado realize um processo de análise crítica e de reflexão dialógica sobre a prática que lhes permita remover as ideias preconcebidas que configuram tal prática, auto-organizando-se em conjunto com outros colegas; que possibilite a aplicação de currículos integrados ou currículos em ação por meio de unidades didáticas, projetos, centros de interesse ou situações problematizadoras. Se não se possibilita essa desfragmentação fora da escola, será preciso empreendê-la a partir de dentro, nas programações das aulas. Quanto maior a desfragmentação, melhor a educação e, portanto, maior a qualidade.

CAPÍTULO 3

Escola, qualidade, inclusão, multiculturalidade e interculturalidade

> A diversidade de modos de ser entre uma nação e outra só me impressiona pelo prazer da variedade. Cada uso tem sua razão. [...] Não me parece ter encontrado costumes que não sejam tão válidos quanto os nossos.
>
> MONTAIGNE, *Sobre a vaidade*.

A multiculturalidade. Para começar, não quero entrar no debate semântico das diferenças entre multiculturalidade, intraculturalidade, interculturalidade[1] e até multi-interculturalidade e multiculturalismo (alguns autores preferem este tema). Depende, predominantemente, da área de influência geográfica e acadêmica. Utilizamos o termo multiculturalidade como um enfoque global de inclusão, no sentido de incorporar as propostas educacionais inclusivas em projetos de caráter educativo, social e propositivo quanto ao estabelecimento de relações

---

1. Embora muitos autores considerem que o termo multiculturalidade denota uma situação estática da sociedade, ao contrário do de interculturalidade, que trata de refletir de maneira dinâmica a interação de diferentes culturas entre si e é considerado mais educativo. Apesar de tudo isso, neste texto utilizaremos multiculturalidade e interculturalidade como sinônimos, partindo do pressuposto de que as culturas se inter-relacionam e se enriquem mutuamente.

igualitárias entre culturas e etnias. Em outras palavras, a não discriminação por razões de etnia ou cultura, a celebração e o reconhecimento da diferença cultural, assim como o direito a ela.

O conceito ou os conceitos estão em moda. É um termo recorrente, "progressista", e, portanto, especialmente nas três últimas décadas tem sido objeto de teorias, monografias, congressos, propostas, conceitualizações, variantes... Até nos documentos oficiais educativos e nas propostas curriculares aparece de forma permanente junto com o conceito de inclusão, como se sua projeção nos papéis oficiais já satisfizesse uma necessidade urgente, já cumprisse essa exigência da realidade. Tudo isso significou uma avalanche de informação no sistema educacional, a ponto de, se não se "praticar" a multiculturalidade ou a inclusão ou não se desejar esclarecer algo sobre essa prática, poder ser recriminado profissionalmente no campo do ensino. Mas, o que é a multiculturalidade? O que significa introduzi-la no ensino?

Multiculturalidade, de acordo com a Wikipedia, é um termo polissêmico que está sujeito a interpretações diferentes e às vezes contraditórias. Em seu sentido meramente descritivo, pode designar a coexistência de diferentes culturas no interior de uma mesma entidade política territorial. Além disso, pode ter um sentido prescritivo ou normativo e designar diferentes políticas voluntaristas.

> O termo surgiu inicialmente no mundo anglo-americano como um modelo de política pública e como uma filosofia ou pensamento social de reação diante da uniformização cultural em tempos de globalização. Com o adjetivo "multicultural" costuma-se aludir à variedade apresentada pelas culturas na sociedade humana para resolver as mesmas necessidades individuais, quando todas elas deveriam possuir igualdade para se desenvolver social, econômica e politicamente, com harmonia, de acordo com suas tradições étnicas, religiosas e ideológicas.

Se aceitamos a definição habitual como o sinônimo de muitas culturas, de variedade, seria preciso definir primeiro essa variedade em relação a "que" ou a "quem", ou simplesmente em relação à cultura. Qual cultura? Seria um erro crasso considerar a multiculturalidade como a união de pessoas que são "normais" (e mais próximas de nós) e outras que, por suas características físicas, psíquicas, motoras, comportamentais, raciais, religiosas, culturais... são diferentes "culturalmente". Tampouco é multiculturalidade o caldeirão no qual se conseguiram misturar culturas muito diferentes e que acabou produzindo uma nova. Multiculturalismo é reconhecer a existência de uma sociedade plural e diferenciada e a necessidade de agir de maneira respeitosa, mas também é a promoção das diferentes culturas e uma relação de convivência plena entre os diversos grupos culturais. Não é diluir as culturas diversificadas, e sim respeitá-las e compartilhá-las. Respeitar as estrangeiras, mas também respeitar as nativas.

No entanto, na balança da multiculturalidade encontramos dois pratos: de um lado, os princípios compartilhados, o trabalho conjunto, os grandes objetivos; de outro, a análise específica, sem a qual dificilmente poderíamos iniciar e transformar a educação em nosso entorno. Não podemos negar que assumir a multiculturalidade é um processo complexo, cujo caráter não é unicamente técnico, mas também ideológico. Isso deveria nos ajudar a propor um questionamento constante do quê, do porquê e do como se fazem as coisas em função da vontade de mudar e transformar os processos sociais e educativos, sobretudo quando alguma cultura estrangeira se choca frontalmente com os princípios da cultura de acolhida.

Cultura

Sistema de crenças, valores, costumes, comportamentos e artefatos compartilhados, que os membros de uma sociedade usam em interação entre eles mesmos e com seu mundo, e que são transmitidos de geração em geração através da aprendizagem.

Características das culturas

1. Toda cultura possui historicidade. Está inscrita no tempo e sofre influências e modificações ao longo de seu devir histórico.

2. Toda cultura é complexa. Por se tratar de um conglomerado de conhecimentos, normas, costumes, crenças, criações simbólicas e materiais, não pode ser reduzida a um esquema lógico, mas deve ser descrita como um sistema no qual esses elementos interagem e se modificam constantemente.

3. Todas as culturas são dinâmicas. Por estar inseridas no devir histórico e em um âmbito geográfico determinado, esses fatores são modificados pela própria sociedade ou por fatores externos que exigem mudanças técnicas, produtivas, de organizações e hierarquias sociais. Limitar-se a sua caracterização exterior significa caricaturizar sua estabilidade, transformando as culturas em um todo estático.

4. Nenhuma cultura está isenta de contradições. À medida que se manifestam suas dinâmicas sociais e produtivas, ocorrem tensões entre grupos e indivíduos sobre a interpretação de suas crenças, as discrepâncias sobre a ordem hierárquica estabelecida, a aceitação ou modificação parcial das normas de conduta social, os conflitos entre setores produtivos, geográficos, linguísticos e religiosos.

5. Todas as culturas são heterogêneas. Apenas o estereótipo e a ignorância do observador podem qualificar uma sociedade como homogênea. Em uma sociedade qualquer, seja qual for seu grau de desenvolvimento técnico, há entre seus membros diversidade de interesses, concepções de mundo, escalas de valores, necessidades vitais, comportamentos cotidianos tão variados como os que supostamente os diferenciam e distanciam de outras culturas.

6. Cada cultura está submetida a influências internas e externas. As culturas são permeáveis tanto a efeitos positivos como negativos do contexto no qual se encontram imersas. A mundialização afeta a todas. Gera hegemonias, crises de identidade, migrações voluntárias e forçadas, conflitos e alianças.

7. As culturas que estão em contato se influenciam mutuamente, quer através da convivência ou do conflito, quer através das trocas comerciais, religiosas, linguísticas ou de conhecimentos tanto teóricos como práticos. Em todas as culturas, há uma infinidade de elementos "mestiços" que se manifestam com

> maior ou menor força dependendo da relação de poder existente entre essas culturas em contato.
>
> PLOG e BATES (1980), apud MALGESINI, Graciela; JIMÉNEZ, Carlos. *Guía de conceptos sobre migraciones, racismo e interculturalidad*. Madrid: La Cueva del Oso, 1997. p. 64.

> É imprescindível considerar, em primeiro lugar, que somos todos diferentes, distintos em nosso próprio entorno, seja ele qual for. Talvez o que caracteriza em última instância a idiossincrasia da diferença é a maneira como as pessoas estabelecem relações com seu contexto próximo, vivido de maneira global. Portanto, assumir a multiculturalidade supõe reconhecer o direito à diferença como um enriquecimento educativo e social. Contudo, embora todos sejamos diferentes, alguma coisa nos une, e essa união é a cultura comum (religiosa, doméstica, social, linguística, gastronômica etc.). O debate está em como introduzir e incluir novas culturas no contexto educacional e aceitá-las sem romper os laços da cultura existente no próprio contexto. Por esse motivo, o debate não é a assimilação nem a dissolução, e sim compartilhá-las dentro dos princípios democráticos e de direitos humanos. De acordo com as Nações Unidas, os direitos humanos internacionais são reconhecidos universalmente independentemente das diferenças culturais, mas sua aplicação prática exige sensibilidade em relação à cultura.
>
> ORGANIZAÇÃO DAS NAÇÕES UNIDAS. *Preguntas frecuentes sobre el enfoque de derechos humanos en la cooperación para el desarrollo*. Disponível em: <www.ohchr.org/Documents/Publications/FAQsp.pdf>. Acesso em: 20 jun. 2015.

Não é possível estabelecer uma "norma" educacional única e, talvez, seria preciso buscar essa multiculturalidade nas diferentes normas que cada cultura adota (às vezes de forma inconsciente), independentemente de sua idiossincrasia. Portanto, multiculturalidade também é sinônimo de pluralismo compartilhado, de democracia, se é bem realizada. No entanto, não podemos confundir democracia com o abandono de princípios que demoramos séculos para conquistar.

É evidente que a norma escolar não foi pensada e desenvolvida para a multiculturalidade de indivíduos, e sim para a generalidade, a uniformização, a aplicação de um modelo assimilacionista ou segregador, privando um grupo de seu direito de ser educado com as mesmas garantias que os cidadãos.

Ao falar de educar na multiculturalidade, é necessário, portanto, falar de mudar as atitudes do professorado e da escola como instituição; mudar as relações que nela se produzem; mudar, por fim, o processo educacional institucionalizado. Não assumir um modelo de compreensão cultural ou de competência cultural tecnificado, mas um modelo de emancipação cultural e de reconstrução social, onde a cultura de grupos diferentes seja um valor positivo e a educação multicultural promova a emancipação cultural e a melhoria social dos alunos, aumentando o autoconceito e as expectativas, rompendo o círculo da falta de oportunidades que às vezes envolve alguns grupos de cultura distinta da nossa.

E aqui a atitude — e, é claro, também as políticas educacionais — do professorado é fundamental. Muitos professores, no dia a dia das aulas, se perguntam como introduzir realmente essa multiculturalidade e respeitar a diferença no processo de ensino-aprendizagem, como inserir nos valores e nas atitudes dos alunos esse respeito real por todos os que constituem a humanidade e o que fazer com temas culturais com os quais não estamos de acordo ou que ferem certos princípios básicos em nosso contexto. Por onde começar? E — como sempre acontece em educação — partimos em busca de soluções que amenizem a angústia dessa responsabilidade educativa e social que é a multiculturalidade, já que, superando as barreiras institucionais, se converteu em uma exigência social.

A multiculturalidade e a interculturalidade não devem ser introduzidas apenas através da transmissão dos conteúdos nas aulas, como um simples reforço de informação, com técnicas educativas, vários livros, mas deveriam ser introduzidas nas estruturas da organização educacional. A multiculturalidade nas escolas não pode ser entendida como uma simples atuação para facilitar a inclusão social ou a aprendizagem de alunos de outra procedência cultural; não é apenas a apresentação de estratégias didáticas alternativas para estimular alunos desmotivados; não é tão somente fornecer as ferramentas educacionais adequadas para cada realidade acadêmica individual. A multiculturalidade deve ser entendida como a aceitação de realidades plurais; como uma ideologia, uma forma de ver o mundo, a educação e a vida. Temos de mudar, ou colocar em quarentena, o que parece inalterável com pequenas mudanças formais há mais de um século: referimo-nos, por exemplo, à organização da instituição educativa em salas de aula; horários; agrupamentos de alunos por idade; organização espacial da classe; tutorias; canais de comunicação com os pais e com a comunidade; adequação à realidade de trabalho e familiar; mobiliário; distribuição de tempos e espaços... Trata-se de introduzir uma convivência de realidades plurais que enriqueçam a instituição educacional e a sala de aula com as diferenças, as semelhanças e as necessidades dos alunos, tendo um projeto multicultural de respeito por todas as culturas e analisando quais elementos podem promover fricções sociais entre os estudantes ou entre a comunidade.

3.1 Somos todos diferentes, não?

O desenvolvimento pedagógico da multiculturalidade — alguns autores, como dissemos anteriormente, a transformam na educação na interculturalidade[2] — não surge do nada, mas possui uma história que se encontra há anos nos documentos e nas ações de movimentos pedagógicos e dos grupos educativos mais progressistas. O debate sobre a homogeneização e os circuitos segregadores que a educação estabelecia vem ocorrendo há algum tempo e retorna quando surge uma ideologia conservadora que pretende transformar o sistema educacional segundo seus interesses.

Certamente, em épocas anteriores ainda não se falava de multiculturalidade e a diferença era aplicada em termos mais restritivos.

---

2. Teresa Aguado (1996, p. 54) nos dirá: "Definimos a educação intercultural como um enfoque educativo holístico e inclusivo que, partindo do respeito e da *valorização* da diversidade cultural, busca a *reforma* da escola como totalidade para incrementar a *equidade* educativa, superar o racismo/discriminação/exclusão, favorecer a *comunicação* e a competência interculturais e *apoiar* a *mudança social* de acordo com princípios de *justiça* social".

Falava-se mais de homogeneidade. A multiculturalidade, a integração, a inclusão e a diversidade são termos novos e pós-modernos que provêm de outros campos sociais. Naquele momento, falava-se em individualizar, personalizar, compensar, de fracasso, dificuldades, igualdade de oportunidades, heterogeneidade, homogeneização... O tempo passa e as linguagens mudam, e ultimamente a educacional mudou muito. Era uma linguagem diferente, mas o conceito e o processo que se desejava desenvolver eram os mesmos... Queria dizer: O que podemos fazer nas salas de aula para não participar de uma seleção cultural e educacional, e sim o contrário, para que todos os alunos e as alunas de procedência cultural diferente sejam atendidos adequadamente e possam interiorizar em sua vida esse respeito pela diferença, possam viver a democracia e não cair na exclusão social? O que acontece nas salas de aula com os que pertencem a grupos sociais culturalmente diferentes à maioria da classe? Como desenvolver um processo educacional para fortalecer um conceito de viver na igualdade, mas conviver na multiculturalidade? Naquela época, como agora, eram mais que perguntas: supunham uma infinidade de problemas que tinham de ser resolvidos. E ainda não encontramos todas as respostas, pois a chegada maciça de muitas culturas diferentes foi um fenômeno novo nos últimos anos. Mas a segregação nunca será a resposta.

 A escola está desconcertada, procurando respostas para muitas perguntas sobre a multiculturalidade, já que a instituição escolar foi pensada na modernidade para a seleção e a uniformização, em um conceito de negação da diversidade. O professorado estava muito à vontade no interior de seu estatismo educacional, ou se se preferir, da homogeneização e da padronização da educação. Diante da homogeneização, tradicionalmente forneceram-se diversas soluções: escolas diferentes para crianças diferentes, aulas distintas para crianças distintas e horários diferentes para crianças diferentes; e, no máximo, a folclorização, ou seja, a aproximação de determinadas culturas por intermédio de suas tradições, costumes, lendas e ditos populares. Essas eram as "soluções" habituais para responder à diferença.

O professorado também sabia que o ambiente tem muita influência no desenvolvimento cognoscitivo, afetivo e conativo, mas pensava que em determinado momento não podia influir tanto. Como consequência, todos os que lidam com crianças e adolescentes, ao entrar nas salas de aula, percebem que todos são diferentes, mas não unicamente por suas características inatas; não pelo ambiente, mas pela relação que se estabelece entre todos.

Cognoscitivo. É constituído pelas percepções e crenças em relação a um objeto, assim como pela informação que temos sobre um objeto. O componente cognoscitivo do comportamento compreende as percepções, as opiniões e as crenças das pessoas. Refere-se ao processo do pensamento, com especial ênfase na racionalidade e na lógica.

Afetivo. É o sentimento em favor ou contra um objeto social. É o componente mais característico dos comportamentos. Aqui reside a principal diferença com as crenças e as opiniões — que se caracterizam por seu componente cognoscitivo.

Comportamental ou conativo. É o componente ativo do comportamento, que se refere à tendência da pessoa de agir de determinada maneira. As atitudes são determinantes para o comportamento, já que estão ligadas à percepção, à personalidade e à motivação. Uma atitude é um sentimento ou estado mental positivo ou negativo de boa disposição, obtido e organizado através da experiência, que exerce uma influência específica sobre a resposta da pessoa aos outros, aos objetos e às situações.

Disponível em: <www.mitecnologico.com/Main/ComponentesCognoscitivoAfectivoYConativo>. Acesso em: 20 jun. 2015.

A relação entre as pessoas

Somos todos diferentes pela interação entre o que sou (nível intelectual, motivação, interesse, conhecimentos anteriores...), de onde venho e onde estou (situação social, fatores atuais, o ambiente, o entorno...). No entanto, as respostas para como solucionar o problema da seleção em todos os seus graus e como conscientizar os alunos para o respeito por essa diferença continuam pendentes. Nem por isso deve-se dizer que tudo é novo.

A multiculturalidade recupera toda a tradição de um conceito já trabalhado desde o início do século XX pelo ativismo, pela escola nova, ativa, que evidentemente é produto de uma ideologia e de uma visão progressista da educação: a individualização (ou melhor, a adequação) e seu equilíbrio com o trabalho cooperativo, ao contrário da aula para todos. Os teóricos, os livros, os grandes ou pequenos tratados que tentam dar soluções gerais (quando todos sabemos que não existem na prática educativa) mergulhavam neste termo mágico: a individualização, o contexto e seu equilíbrio na cooperação. Hoje em dia, bem entendida e com outra ideologia social, seria o desenvolvimento da multiculturalidade.

Há alguns anos o tema tem circulado pelo discurso pedagógico. Está sendo analisado por uma aprendizagem dialógica[3] que incorpora a aprendizagem cooperativa, tentando alcançar uma igualdade baseada na diferença e uma luta contra a exclusão social das minorias culturais. O direito à diferença é também o direito à igualdade de oportunidades. A aprendizagem dialógica pretende fortalecer o diálogo entre culturas e a compreensão e a aceitação da alteridade como fundamento do modelo de interação entre estas na sala de aula e na escola.

Paulo Freire dizia:
1. É preciso desenvolver uma pedagogia da pergunta. Estamos sempre ouvindo uma pedagogia da resposta. Os professores respondem a perguntas que os alunos não fizeram.
2. Minha visão da alfabetização vai além do ba, bê, bi, bo, bu. Porque implica uma compreensão crítica da realidade social, política e econômica na qual está o alfabetizado.
3. Ensinar exige respeito pelos saberes dos educandos.
4. Ensinar exige a corporificação das palavras pelo exemplo.
5. Ensinar exige respeito pela autonomia do ser do educando.
6. Ensinar exige segurança, capacidade profissional e generosidade.
7. Ensinar exige saber escutar.

---

3. Ver FREIRE, P. *Pedagogia do oprimido*. Rio de Janeiro: Paz e Terra, 1970.

> 8. Ninguém é se se proíbe que outros sejam.
> 9. A pedagogia do oprimido deixa de ser do oprimido se passa a ser a pedagogia dos homens em processo de permanente libertação.
> 10. Não existe palavra verdadeira que não seja união indissolúvel entre ação e reflexão.
> 11. Dizer a palavra verdadeira é transformar o mundo.
> 12. Dizer que os homens são pessoas e como pessoas são livres e não fazer nada para conseguir concretamente que esta afirmação seja objetiva é uma farsa.
> 13. O homem é homem e o mundo é mundo. Na medida em que ambos se encontram em uma relação permanente, o homem, transformando o mundo, sofre os efeitos de sua própria transformação.
> 14. O estudo não se mede pelo número de páginas lidas em uma noite, nem pela quantidade de livros lidos em um semestre. Estudar não é um ato de consumir ideias, mas de criá-las e recriá-las.
> 15. Só educadores autoritários negam a solidariedade entre o ato de educar e o ato de ser educados pelos educandos.
> 16. Todos nós sabemos alguma coisa. Todos nós ignoramos alguma coisa. Por isso aprendemos sempre.
> 17. A cultura não é atributo exclusivo da burguesia. Os chamados "ignorantes" são homens e mulheres cultos aos quais se negou o direito de se expressar e por isso estão sujeitos a viver em uma "cultura do silêncio".
> 18. Alfabetizar-se não é aprender a repetir palavras, mas a dizer sua palavra.
> 19. Defendemos o processo revolucionário como uma ação cultural dialogada conjuntamente com o acesso ao poder no esforço sério e profundo de conscientização.
> 20. A ciência e a tecnologia, na sociedade revolucionária, devem estar a serviço da libertação permanente da **humanização** do homem.
>
> Disponível em: <http://es.wikipedia.org/wiki/Paulo_Freire>. Acesso em: 17 jun. 2015.

O ensino de acordo com Paulo Freire

Outro tema muito conhecido, produto da mesma época e tendência pedagógica, e que é resgatado no debate da multiculturalidade, era o da heterogeneidade em contraposição à homogeneidade. Anos atrás, o debate consistia em responder à pergunta: Formamos grupos homogêneos ou heterogêneos? Hoje em dia aproximamo-nos de uma tendência crescente: Como introduzir uma individualização equilibrada que favoreça e possa construir a multiculturalidade nas salas de aula e nas instituições educacionais?

E, enquanto se construía esse discurso, vinham as consequências sociais da não multiculturalidade: racismo, xenofobia, intolerância... A não multiculturalidade já não é aquela "anedota" de pequenos enfrentamentos nos povoados ou nos pátios entre culturas diferentes, mas assume características de tragédia e de vergonha.

3.2 Algumas reflexões sobre a mudança na educação e a multiculturalidade

Dizíamos que não podemos educar na multiculturalidade sem mudar o que pensamos sobre a teoria e a prática da educação. Mas a mudança educacional tem dois desafios fundamentais: fazer com que na educação institucionalizada sejamos capazes de ajudar os alunos a crescer e a se desenvolver como pessoas, permitindo-lhes a aquisição de autoconhecimento, de autonomia pessoal e de socialização, e possibilitar que todas as diferentes capacidades tenham espaço e reconhecimento nas instituições educacionais; partir de um conceito dinâmico de cultura e identidade cultural, de diferentes ritmos de trabalho, expectativas, estilos cognitivos e de aprendizagem, de motivações, etnias, valores culturais de todas as crianças e adolescentes.

Adequar o ensino à multiculturalidade dos sujeitos que convivem nas instituições escolares não é uma tarefa fácil, e o sucesso nos resultados dependerá, em grande medida, da capacidade de agir com autonomia tanto por parte do professorado como dos alunos, sujeitos desse processo.

Mas, como introduzir essa mudança no sistema educacional? O que pode fazer essa instituição do sistema educacional chamada escola, que continua muito parecida com a de tempos passados? O que se pode fazer nas instituições educacionais e nas salas de aula?

Do meu ponto de vista, em primeiro lugar é preciso refletir e superar velhos discursos. A heterogeneidade, a individualização e o trabalho cooperativo e dialógico com participação da comunidade educativa são três ângulos do mesmo triângulo. A participação da comunidade é imprescindível para o trabalho da multiculturalidade, já que esta só é possível em um ambiente de comunicação aberto e flexível, adaptado ao contexto e que permite a livre expressão do professorado, dos alunos e da comunidade. É preciso quebrar a antinomia professorado-pais. A escola não deve ser aberta apenas para permitir a entrada do que vem de fora, como sempre se disse (agora já está dentro, queira-se ou não), mas para se confundir com a comunidade externa. É preciso quebrar o monopólio do saber por parte do professorado e constituir no ambiente uma comunidade de aprendizagem; compartilhar o conhecimento com o ambiente.

Posteriormente, convém fazer um exame individual do trabalho do professorado em sala de aula (linguagem, atitudes, livros, materiais, comentários...), juntamente com os colegas (colegialidade, trabalho em grupo, atividades conjuntas, comunicação, projetos, criação de grupos para temas de multiculturalidade...) e o contexto (participação, grupos, famílias, relações sociais, parentes, publicidade, meios de comunicação...). Aceitar a multiculturalidade implica facilitar a flexibilidade curricular, mudar a cultura da instituição e as estruturas educacionais. Superar a cultura do individualismo, tão historicamente arraigada nas instituições educacionais, por uma cultura do trabalho compartilhado. Mas toda a multiculturalidade?

3.3 A multiculturalidade se transforma nas escolas

Atualmente, a multiculturalidade como conceito usual nos processos administrativos não pode alinhar-se com a burocracia nem com a uniformização que tanto costuma agradar aos governos, mas encontra seu verdadeiro caminho na diferenciação e na adequação ao entorno, na autonomia, na participação e corresponsabilização de uma gestão democrática com todos os membros da comunidade. A multiculturalidade, fundamentando-se nos princípios da colegialidade, da democracia e da participação, deve encontrar seu importante lugar nas instituições educacionais. A participação do professorado e da comunidade é imprescindível para desenvolver esses processos de multiculturalidade e para assumir pouco a pouco uma não dependência.

A multiculturalidade é um trabalho de interação coletiva, de trabalho colaborativo e, embora se desenvolva em qualquer lugar onde seja possível a participação de um docente, atinge suas verdadeiras características no trabalho no interior das instituições educacionais, onde se verificam determinadas estruturas, práticas, conceitos, interesses e valores. O trabalho coletivo confere um sentido mais duradouro e real à multiculturalidade. Isso acontece porque esse trabalho está ligado a um projeto próprio, arraigado no contexto no qual se propôs a discussão dos valores e das finalidades e se buscaram as circunstâncias mais favoráveis para desenvolver o trabalho profissional. É um projeto compartilhado em que se analisaram e se discutiram os princípios que não são compatíveis com a democracia ou entram em conflito com valores importantes que demoramos séculos para conquistar.

A multiculturalidade que se pretende no ensino não pode ser definida em termos de abstração, mas, ao contrário, deve ser ligada a uma análise da realidade social atual (seus valores predominantes, os princípios democráticos, os valores sociais, os traços mais característicos, as relações de poder, as contradições...), desde a realidade macrossocial até a microssocial.

Esta última também é muito significativa, já que a multiculturalidade deve ser considerada um projeto socioeducacional incluído em determinado contexto, e algumas das características desse projeto devem ser a participação e a autonomia. A autonomia não deve ser unicamente uma reivindicação profissional, mas um processo educativo, porque sem ela não é possível agir e elaborar critérios próprios; portanto, tudo o que a pessoa constrói fora da autonomia pode ser destruído rapidamente. A autonomia do professorado é um elemento fundamental na pedagogia do século XXI. E é uma conquista que ainda precisa ser realizada.

Assim, a análise específica de nossa realidade educacional e social permitirá que o professorado possa compartilhar a experiência humana e aprender com os outros e, ao mesmo tempo, que os alunos possam levar em conta suas características diferenciais e compensar aquelas diferenças que são discriminatórias, procurando diferentes estratégias didáticas que não prejudiquem sua autoimagen ou impliquem algum tipo de segregação ou hierarquização.

A construção, a elaboração e o desenvolvimento dos projetos educacionais e curriculares contextualizados e a serviço dos alunos requerem a formação de equipes docentes coesas, uma autonomia das instituições educacionais tanto no âmbito pedagógico como no organizacional e uma administração colaboradora politicamente capaz de compensar as desigualdades socioculturais, territoriais e econômicas, de apoiar projetos pedagógicos elaborados pelas instituições educacionais, de ceder mais poder real ao professorado e à comunidade educativa. É necessário, portanto, um grande número de disciplinas optativas no currículo, transformado assim em um currículo multicultural.

Para que esses propósitos se convertam em realidade e que sejam cada vez mais numerosos os professores e professoras com esse espírito, a instituição educacional precisa gerar uma atitude de autocontrole, de troca de ideias, de experiências, de propostas, de projetos, de materiais e de abertura para a comunidade, de diálogo com esta etc. Uma atitude contrária significaria fechar-se em si mesma, depender de pessoas e de instituições alheias à prática profissional. Voltar ou permanecer na pedagogia do subsídio, da manipulação e da hegemonia de qualquer poder; recair nas "boas" teorias com uma prática ruim. Para evitar esse perigo, é necessário criar mecanismos de participação coletiva cujo objetivo principal seja o intercâmbio. Sem a discussão, o trabalho em comum, a divulgação entre colegas, a abertura para o exterior e o fato de compartilhar os projetos da instituição educacional, as experiências de multiculturalidade podem parecer ilhotas no meio de um oceano de indiferença ou de hipocrisia.

Se queremos que a multiculturalidade seja um trabalho majoritário e não de minorias, o professorado deve dispor de tempo para discutir e compartilhar problemas e soluções, assim como para elaborar os projetos e o material que utilizarão na intervenção educativa, o que significa participar no trabalho em comum, tão necessário em qualquer atividade profissional.

3.4 O espaço educativo multicultural ou intercultural

Para desenvolver uma educação multicultural, temos de ampliar a noção de sala de aula e as possibilidades e funções educativas desse espaço. Já não é necessariamente o lugar entre quatro paredes, mas qualquer âmbito onde se estabeleça uma relação educacional entre os próprios alunos e entre os professores e os alunos. Essa reconceitualização amplia o grau de responsabilidade e de autonomia dos profissionais em sua gestão e destaca o papel ativo que os próprios alunos também possuem na regulação das trocas, assim como os parâmetros de referência sob os quais atuam: o tempo, os espaços, as normas, seus referenciais e os estilos de comunicação; tudo isso possui um enorme potencial explicativo e possibilidades formativas e autoformativas para o professorado.

Entre as novas conceitualizações sobre a sala de aula criadas pelas diferentes linhas de trabalho, destacamos:

- A sala de aula deveria ser um ambiente que permitisse a elaboração, por parte dos indivíduos, de uma cultura própria no interior do grupo, e não apenas a reprodução padronizada da cultura social ou acadêmica dominante.
- Deveria ser um ambiente relevante para a elaboração, por parte dos próprios integrantes, de suas próprias concepções e práticas de ensino e aprendizagem, a partir das tarefas realizadas, das experiências e das interações vividas.

- Como ambiente comunicativo didático, as aulas deveriam gerar múltiplas situações de comunicação e de uso tanto da linguagem oral e escrita como dos diversos códigos de relação interpessoal, a partir dos níveis, registros e códigos dos próprios alunos.
- A sala de aula deveria ser um espaço significativo na tomada de consciência do indivíduo como ser social e para a realização da aprendizagem das relações de poder, quer entre adulto e alunos, quer entre iguais.
- Todas as pessoas que ocupam os espaços educativos deveriam desempenhar papéis de agentes ativos na construção de normas, na reelaboração das normas sociais, dos valores e na construção de regras de relação social.
- Nesses contextos deveriam ocorrer processos extraordinariamente relevantes na elaboração prática e em sua interiorização de conceitos fundamentais para a organização da aprendizagem: o valor de uso do tempo e sua organização, o uso dos espaços ou as noções do que se entende por trabalho ou por trabalhar, do que é ensinar e do que significa aprender.
- Nas salas de aula deveriam ocorrer situações que geram condutas de caráter afetivo e de natureza psicodinâmica, como o interesse, a persistência de determinada atitude, a segurança etc.; ou seus contrários, que desempenharão o papel das aprendizagens.
- Os efeitos de natureza social e afetiva gerados no interior do grupo são extraordinariamente importantes para os indivíduos, porque incidem em sua própria autoestima e porque amenizam o impacto de determinada ação educativa ou institucional sobre eles. É preciso fortalecer a aprendizagem cooperativa.
- Enquanto espaço social, a sala de aula deveria gerar no indivíduo oportunidades para a reelaboração de imagens mais ou menos positivas sobre si mesmo e para a reinterpretação do ser social de cada um de seus componentes, a partir das situações vividas. Deve permitir que se viva a democracia.

Tudo isso deve favorecer o estabelecimento das relações humanas entre professorado, alunos e comunidade, e deve criar na escola espaços adequados de convivência, oferecendo uma ação tutorial compartilhada e promovendo experiências vitais de ensino-aprendizagem. É preciso analisar esse cruzamento de culturas que temos na educação prática com os alunos: umas a favor de alguns indicadores de vida construída na multiculturalidade e outras com uma grande pressão externa, de indicadores pela competitividade e pela intolerância; é preciso ver a educação como a possibilidade de que todos trabalhem de acordo com suas necessidades e de acordo com suas possibilidades, desenvolvendo trabalhos abertos que gerem autoestima e permitam compartilhar princípios democráticos.

Dizíamos anteriormente que não deveríamos ver a multiculturalidade como uma técnica pedagógica ou uma questão meramente metodológica, mas como uma opção social, cultural, ética, ideológica e política que as equipes docentes devem assumir. Estas precisam decidir e definir quais aspectos da multiculturalidade devem ser atendidos; como agir diante dela; com quais recursos, quando e até quando devem fazê-lo; quais limites existem... E devem explicá-lo em seus projetos educacionais e curriculares. A escola deverá estabelecer os limites, tendo muita clareza sobre quais tipos de situações e problemas deve assumir e sobre qual deve ser a colaboração com os especialistas. Não é suficiente mudar as pessoas para mudar a educação e suas consequências, mas temos de mudar as pessoas e os contextos educativos e sociais. Incidindo nas pessoas e nos contextos, mudaremos a educação e então começaremos a mudar muitas coisas, entre elas a ver e a fazer com que a humanidade veja como é: um conglomerado de diferenças, culturas, religiões, conhecimentos, capacidades, ritmos de aprendizado, etnias... que permite que nos denominemos seres humanos.

Em suma, o desenvolvimento da multiculturalidade não deve ser um resultado acabado, mas um processo de construção de conhecimento compartilhado entre professorado, alunos e comunidade para construir um projeto educacional; deve ser uma ferramenta para a revisão da teoria e para a transformação da prática educativa.

A análise crítica da realidade é um primeiro passo para vislumbrar as contradições que se encontram entre a realidade social e os valores de uma educação adequada da pessoa. A multiculturalidade deve apostar na introdução da análise e da denúncia dessas contradições e estabelecer os caminhos para um trabalho transformador, para não cair em práticas "modernizadoras" que costumam ser igualmente reprodutoras. Isso implica também não reduzir a multiculturalidade a mera intervenção técnico-educativa totalmente desordenada, mas sair das paredes das salas de aula e das instituições educacionais para colaborar ou assumir protagonismos em outras atividades sociais. Uma educação na multiculturalidade deve ser aquela na qual se produza troca, pois apenas nessa troca se pode produzir algum enriquecimento e, em consonância, um crescimento pessoal, aprendendo o mais que se puder a partir do que já se sabe. Mas a multiculturalidade também deve ser entendida como aquele processo nunca concluído de aprender a ensinar a aprender. Não existem processos ideais para sempre, e a diversidade cultural no processo educacional não deve ser um elemento segregador ou diferenciador, mas um elemento enriquecedor, integrador e articulador. Em outras palavras, cabe apenas caminhar para a inclusão cultural pluralista.[4]

---

4. "O pluralismo cultural, como ideologia e como política, propõe a defesa de todas e de cada uma das culturas, sua preservação e desenvolvimento onde se encontram os grupos culturais que as sustentam. A afirmação da igualdade de valor de toda cultura se traduz na convicção de que a existência de cada cultura só pode ser garantida ratificando suas diferenças e particularidades em relação às demais. É uma reação lógica diante do assimilacionismo uniformizador, que confunde a igualdade educativa com a homogeneização cultural" (Sales e García, 1997, p. 65).

CAPÍTULO 4

A qualidade da educação não está apenas na escola

A educação tem de servir para consolidar a democracia dos povos, e para isso deve favorecer um processo democrático em seus ensinamentos. Hoje em dia há muito a fazer: é preciso vencer as grandes desigualdades, aumentar as expectativas de muitas crianças e adultos. A educação deve chegar a ser um direito de todos e não dos privilegiados do planeta. A educação é patrimônio da humanidade; e todos, sem exceção, têm e devem ter direito a ela.

Os acontecimentos sociais do final do último quarto do século passado levaram a escola, como instituição educacional, a uma crise de identidade, no sentido de encontrar o novo papel que lhe era atribuído. Se a escola passa por uma crise, os profissionais que nela trabalham a compartilham e a sofrem. Por isso, ainda encontramos muitos professores e professoras desorientados acerca de seu papel na educação da população. Como temos repetido ao longo deste livro — é um tema recorrente nele —, a escola já não é o que era há anos (e não pode sê-lo) nem o professorado tem o mesmo papel. Suas funções mudaram, como sempre foram mudando com o passar do tempo; portanto, professorado precisa mudar sua forma de trabalhar na escola e nas salas de aula. E um dos motivos da crise é que a escola havia perdido sua "autoridade educativa". Já não é possível educar as crianças e os adolescentes nas escolas, ou melhor, apenas nas escolas. O contexto se tornou mais vigoroso; não é coerente com a educação que se pretende ensinar nas escolas, mas a sociedade tomou diversos rumos, não coincidentes em muitos casos. Por esse motivo, a exclusão social, o abandono e o absenteísmo escolar aumentam.

Tudo isso, e muito mais, leva à busca de alternativas para a escolarização democrática de toda a população, e sem excluir ninguém. A escola, tal como a conhecemos, criada na modernidade do século XVIII, consolidada em suas funções de educação da cidadania no século XIX e renovada pelos movimentos da escola nova durante o século XX, tenta educar crianças do século XXI com professores formados em procedimentos educacionais do século XX. Não é nem um pouco estranho que, a partir dos movimentos mais inquietos em prol da luta por uma melhor educação da infância, se busquem alternativas de mudança. Uma das possíveis alternativas que surgiram nos últimos anos é converter a escola em uma comunidade de aprendizagem que, em termos amplos, vem dizer que é preciso contar com a comunidade que envolve o educando. Em outras palavras, a escola se mostra impotente para educar sozinha todas as crianças em uma sociedade democrática e necessita da intervenção, de pleno direito, de todas as instâncias de socialização que intervêm na educação das crianças em determinado contexto (família, associações, empresas, organismos oficiais, voluntários, governos...).[1] É uma alternativa para que todo o mundo obtenha as aprendizagens que lhe permitam se desenvolver na sociedade do futuro, evitar o fracasso escolar, a desigualdade de aprendizagens e a exclusão social de muitas crianças. E isso é peremptório nas escolas: o meio social que as envolve é um contexto de fragilidade para a exclusão social.

Quando se fala de comunidade de aprendizagem — embora seja preferível não haver apenas um modelo, pois não é uma metodologia, mas um processo de mudança escolar —, concordamos em que transformar ou pensar a escola como comunidade de aprendizagem é

---

1. Também se fala de ecologia da aprendizagem.

convertê-la em um verdadeiro agente de transformação social (a escola é uma das principais instituições culturais do território), ao obter uma maior aprendizagem dos alunos aumentando sua autoestima (e, é claro, a do professorado) e permitir que, durante sua escolarização, se adquiram alguns conhecimentos e habilidades que lhes proporcionem uma igualdade de oportunidades em relação aos outros alunos escolarizados em condições mais favoráveis. A partir daqui se propõe uma escola onde a participação, a cooperação e a solidariedade entre todos formam a comunidade educativa com o objetivo de melhorar a educação das crianças e dos adolescentes. Não se aprende apenas na escola, mas em todo o contexto que envolve a escola e que influi na infância e na adolescência.

O contexto é necessário, mas a escola também deveria se converter em uma comunidade de prática entre os profissionais que nela trabalham para compartilhar problemas, projetos, ideias, desilusões, sucessos etc., assim como em uma comunidade de prática formativa em que todos conjuntamente elaboram e levam a termo projetos de formação. Isso diferenciaria as reuniões burocráticas das reuniões de trabalho. Vamos tratar disso mais adiante, em um capítulo específico.

4.1 A necessária mudança na organização da escola

Transformar uma escola em uma comunidade de aprendizagem,[2] de prática e de formação comporta uma importante mudança nas relações de poder nela presentes. É imprescindível a mudança da organização da escola, uma vez que ela está subordinada aos objetivos e às tarefas propostas por todos. A partir desse momento, a organização está subordinada às prioridades definidas pela comunidade, embora, do meu ponto de vista, o peso mais importante deva ser atribuído ao professorado.

---

2. Cf. VV.AA. *Transformando la escuela*: las comunidades de aprendizaje. Barcelona: Graó/ Laboratorio Educativo, 2006.

O edifício escolar como estrutura arquitetônica e a forma de se organizar dentro dele correspondem, atualmente, a uma escola do passado, da industrialização, pensada para ensinar crianças e para o trabalho do professorado de outras épocas. O novo projeto educacional comunitário requer uma organização diferente que busque fórmulas alternativas na organização escolar tradicional. É necessária uma organização escolar não estática e participativa, que possibilite uma melhor aprendizagem; quebrar o isolamento do professorado e a estrutura de aulas fechadas e permitir que a liderança escolar seja compartilhada. Isso implica possibilitar um novo papel do conselho escolar, da equipe de direção (é muito importante, pois facilita as reuniões, oferece informação, possibilita a comunicação, valoriza o trabalho, delega funções e tem um papel-chave no desenvolvimento da comunidade, sobretudo para incentivar e dinamizar as medidas de transformação adotadas) e um novo papel das pessoas de dentro e de fora da escola, que participam em todo tipo de trabalho da instituição.

A organização escolar ajudará a definir as funções de todos os que participam da educação e a fazer com que sirvam de instrumentos de participação de todos os membros da comunidade.

> Se a mudança pretende ter sucesso, os indivíduos e os grupos devem encontrar o significado tanto do que vai ser mudado como da maneira de fazê-lo. No entanto, é difícil resolver o problema do significado quando afeta um grande número de pessoas... Temos de saber como é a mudança do ponto de vista do professor individual, do estudante, dos pais e do governo, se queremos entender as ações e as reações de cada um; e para compreender em sua totalidade toda a cena, temos de combinar o conhecimento conjunto de todas essas situações individuais com o entendimento de fatores organizacionais e interorganizacionais que influenciam o processo de mudança, tais como os órgãos de governo, as agências intermediárias, as universidades, as associações de professores, os sistemas escolares e a interação das escolas. (Fullan, 1982, p. IX)

A mudança na organização implica a organização de comissões de trabalho, a organização de todo o pessoal que participa, a otimização de recursos, a delegação de responsabilidades, o aumento dos serviços da escola e a organização da sala de aula, porque a experiência propõe uma nova configuração de grupos, horários, entrada, saída, pátios, refeitório, biblioteca, espaços..., uma otimização do espaço escolar e do tempo de atividade dos alunos, uma metodologia baseada nos agrupamentos flexíveis e a aprendizagem cooperativa.

4.2 Alguns pontos de vista nas comunidades de aprendizagem

Do ponto de vista social, a comunidade é uma proposta orientada para a construção de cenários educacionais inovadores dentro e fora da escola, através da participação de vários agentes sociais[3] que constituem a comunidade: o conjunto dos alunos, as equipes docentes, as famílias, a comunidade local etc. Cada um desses agentes traz elementos valiosos para o programa, que contribuem para que este perdure a longo prazo.

Sinopse

Daniel Lefebre, de 40 anos, dirige uma escola infantil num bairro da periferia de Hernaing, povoado do norte da França cujos habitantes trabalham nas minas. No pequeno vilarejo, 30% da população está desempregada por causa da crise da mineração. Um dia, a mãe de uma das alunas chega embriagada à escola, sofre um colapso e deixa ali seu bebê e sua filha de cinco anos. O professor decide se incumbir do assunto e pede ajuda à comunidade e aos pais de seus alunos. A comunidade salvará a escola.

Do ponto de vista escolar, a comunidade visa primordialmente desenvolver habilidades socioafetivas, cognoscitivas e psicolinguísticas

---

3. Cf. o filme do diretor francês Bertrand Tavernier *Ça Commence Aujourd'hui* [*Tudo começa hoje*], uma das experiências atuais das comunidades de aprendizagem.

nos alunos, através de sua participação ativa em comunidades educativas, cujos membros realizam atividades determinadas em um ambiente de aprendizagem. Esse processo oferece amplas oportunidades cotidianas para a interação social, a comunicação oral e escrita e a prática na solução de problemas de diferentes tipos.

Aprender com todo o contexto é uma possível alternativa para a instituição escolar que pretende que os alunos aprendam mais e melhor. É preciso fazer o possível para evitar que, em uma sociedade democrática, muitas crianças fiquem excluídas socialmente.

SEGUNDA PARTE

O professorado e sua formação como ferramentas imprescindíveis da qualidade da educação. Caminhando rumo ao futuro

CAPÍTULO 5

A profissão docente do ponto de vista internacional. O caso da Europa

Desde o ano 2000 foram sendo gerados novos estudos e relatórios sobre a profissão docente na Europa. Naquele mesmo ano criou-se um comitê misto: OIT/Unesco, que elaborou um relatório sobre a situação do pessoal docente.[1] Posteriormente realizaram-se outros estudos e relatórios. Destacam-se os efetuados por Eurydice em 2002[2] e em 2003 e 2004, sobre a profissão docente na Europa,[3] e o realizado pela OCDE em 2004, também sobre a questão do professorado: atrair, capacitar e conservar professores eficientes.[4]

---

1. Comitê Misto OIT/Unesco sobre a aplicação da Recomendação relativa à situação do pessoal docente. Sétima reunião, Genebra, 11-15 de setembro de 2000. *Relatório OIT*, Genebra, Unesco-Paris.

2. Eurydice. *The teaching profession in Europe*, Bruxelas, 2001. Disponível em: <eacea.ec.europa.eu/education/eurydice/documents/thematic.../184EN.pdf>. Acesso em: out. 2015.

3. Eurydice. *La profesión docente en Europa*: perfil, tendencias y problemática. Relatório II: Oferta y demanda. Educación Secundaria Inferior General. Madrid, Secretaría General Técnica, CIDE, 2004; Eurydice. *La profesión docente en Europa*: perfil, tendencias y problemática. Relatório III: Condiciones laborales y salarios. Educación Secundaria Inferior General. Madrid, Secretaría General Técnica, CIDE, 2003.

4. OCDE. *La cuestión del profesorado*: atraer, capacitar y conservar a profesores eficientes. 2004. Resumo em espanhol. Disponível em: <www.oecd.org/edu/school/34991371.pdf>. Acesso em: 15 jul. 2015.

A que se devem tantos estudos e relatórios internacionais sobre a profissão docente?

Há uma infinidade de razões que o justificam, e elas estão presentes em todos os relatórios. Entre as questões mais importantes, argumenta-se que a profissão docente adquiriu grande complexidade nesta sociedade do conhecimento, que a diversidade de seus usuários aumentou, que é um elemento fundamental para promover a tolerância, a solidariedade e a coesão social, que a tecnologia obriga a ter pressa neste mundo em constante mudança, que há mais problemas de aprendizagem e disciplina, de heterogeneidade; que em muitos países escolarizou-se toda a população nos últimos anos através de um ensino maciço e agora cabe dar mais ênfase à qualidade, e que é preciso mudar as formas de avaliação do aprendizado. A todos esses argumentos é subjacente um conceito de deterioração das condições do ensino e da aprendizagem, que supõem um ambiente pouco atraente para o professorado. Em resumo, esses seriam os desafios ou as questões fundamentais que aparecem na justificação de tanto investimento no momento de analisar o que acontece na profissão de ensinar.

No entanto — e é importante deter-se aqui —, nos documentos existe uma tendência a não ver o professorado como único responsável pela qualidade da educação, mas também se atribui importância ao meio em que eles trabalham. É interessante ressaltar essa questão, uma vez que há algum tempo a experiência e as pesquisas nos levaram a avaliar que, para mudar a educação, é preciso não apenas mudar o professorado (conferindo-lhe mais formação, por exemplo, que é o instrumento mais utilizado para essa mudança), mas promover também a mudança nos contextos onde ele desempenha sua tarefa: as escolas, as diretrizes, o apoio comunitário, os processos de decisão, a comunicação etc.

Atrás dessas argumentações, que podem ser consideradas elementares para todos os que estudam a profissão docente ou com ela trabalham, há outras de caráter mais político, que desencadeiam alertas nos sistemas educacionais:

- uma carreira pouco atraente, com um aumento de feminização, sem que a igualdade de oportunidades seja garantida em matéria de promoção;

- uma redução dos salários dos docentes, embora pareça paradoxal, pois eles diminuíram na maioria dos países (isso se refere sobretudo à Europa, pois nos países em desenvolvimento já é endêmico que os slaários sejam de penúria e miséria, e neles se verifica logicamente maior conflitividade trabalhista decorrente do salário, das condições de trabalho e dos recursos das escolas);
- a escassez das instalações e dos equipamentos, que não evoluem no mesmo ritmo que os setores mais dinâmicos da sociedade.

A tudo isso é preciso acrescentar o desgaste do professorado, o aumento de sua carga de trabalho, ou seja, uma maior intensificação, com a perda de qualidade e eficácia no desempenho profissional, que leva a uma grande insatisfação com o trabalho e provoca um aumento do estresse e de licenças por doença.

Um estudo da OCDE de 1990 já utiliza o termo "grisalho" para se referir à profissão docente.[5] E em 1995 a Comissão Europeia dizia que "na União Europeia a profissão docente se caracteriza por uma tendência contínua ao envelhecimento".[6] Esse aspecto complica mais a situação dos docentes, embora beneficie seus salários, já que aumentam em função dos anos de serviço (um problema orçamentário, mas um benefício para o docente) e estabelece um desequilíbrio entre a oferta e a demanda na profissão.

Também se fala da formação e surge o mal endêmico da profissão: o fato de ter atualmente competências e saberes inadequados, ou lacunas "qualitativas", para dar resposta à educação presente e do futuro. Além disso, e embora pareça mentira, não existe muita preocupação com esse tema nos governos: "numerosos países carecem de programas sistêmicos de integração de professores principiantes".[7]

---

5. OCDE. *The teacher today*: tasks, conditions, policies. Paris: OCDE, 1990. p. 24.

6. Comissão Europeia. *Cifras clave de la educación en la Unión Europea 1995*. Luxemburgo: Oficina de Publicaciones Oficiales de las Comunidades Europeas, 1996. Também há outros relatórios sobre envelhecimento, como o *Education International*, n. 1, p. 8, maio 2001; ou o OCDE, "Education at a Glance", OECD *Indicators. Education and Skills*. Paris: OCDE, 2011. p. 211.

7. Cf. p. 2 do resumo em espanhol da OCDE, cit.

Os relatórios tratam de diversos países e, apesar de ser próximos, é preciso levar em conta as diferenças históricas de estruturas políticas, econômicas e educacionais, e inclusive de costumes sociais. Mesmo assim, todos os relatórios são otimistas e reúnem forças positivas para incentivar a mudança das políticas docentes.

5.1 Aspectos gerais

Se analisamos cuidadosamente alguns dos relatórios mais importantes do ponto de vista institucional e que abarcam um maior número de países, encontramos muitas semelhanças e algumas diferenças. Vejamos quais são as mais destacadas.

5.1.1 A docência como carreira atrativa

Em todos os relatórios está presente a preocupação internacional com a escassez de professores, pelo fato de ser uma profissão pouco atrativa. A Holanda e a comunidade flamenga da Bélgica e da Suécia sobressaem como países onde há maior escassez do professorado. Outros países também sofrem, embora em menor grau, dessa escassez de docentes. Na Europa é uma grande preocupação. Seja como for, não é o que acontece na Espanha, já que temos um excedente de professores que não exercem a profissão e estão à espera de trabalho (e, com a crise, ainda muitos mais).

5.1.2 Políticas destinadas ao professorado

De acordo com meu critério, esse é atualmente um dos aspectos mais importantes, embora os relatórios o considerem um aspecto a ser abordado após a solução de outras problemáticas, enquanto se concentram mais na participação do professorado nas escolas. No entanto, sob o meu ponto de vista, a participação dos professores nas políticas educacionais, a criação de redes de aprendizagem entre eles, o aumento do gasto público em educação (há uma tendência a diminuí-lo em todos os países) e a revisão profunda do conhecimento acadêmico e prático que eles devem possuir são temas fundamentais que poderiam resolver muitos dos problemas que surgem hoje na profissão docente e em sua relação com os sistemas educacionais.

5.1.3 Formação permanente do professorado

Apesar dos avanços nas políticas e nas práticas de formação permanente do professorado, sempre foi uma pedra angular na profissão. Passou-se de nada a uma infinidade e a uma diversidade de cursos, de atividades etc.; e agora se necessita de uma pausa para refletir sobre as novas capacitações docentes e destacar entre elas as habilidades interpessoais, relacionais e comunicativas, entendidas como a faculdade de que os participantes da interação sejam capazes de explicar seus atos e de se orientar por metas de validade, destinadas a ser intersubjetivamente reconhecidas (Habermas, 1989, p. 373), o que nos permite introduzir a reflexão como característica de toda ação humana.

Nossos problemas parecem ser os comuns: flexibilizar e adaptar a formação do professorado (e não apenas às necessidades do sistema, como se costuma fazer, sem levar em conta as necessidades práticas e contextuais dos docentes), algo que se reivindica há anos e que gerou experiências e modalidades interessantes (formação nas escolas, assessoria a instituições educacionais, descentralização, projetos de escola etc.), e às temáticas necessárias (novas tecnologias, resolução de conflitos, multiculturalidade, necessidades educacionais etc.). Há algum tempo, um relatório de Eurydice dizia que a formação permanente do professorado está relacionada com o trabalho docente e tem um impacto inegável na qualidade do ensino que eles oferecem aos alunos.[8] Esse não é um mau caminho. Mas o que realmente se deve resolver é a instauração de uma carreira docente, com uma formação e um desenvolvimento profissional ao longo de toda a vida profissional, e um verdadeiro processo de avaliação da formação nas escolas. Esse assunto ainda não foi resolvido, embora figure nas atuais boas vontades políticas.

5.1.4 Selecionar para o exercício do professorado

Nesse aspecto não existe consenso entre os diferentes países. Nos relatórios não se menciona que é consequência das diversas opções de contratação: como trabalhador (contratado tanto por uma autoridade intermediária normalmente local como pela própria instituição educacional) ou como funcionário público (contratado por concurso), como na Espanha. O modelo de funcionalismo público (existente, por exemplo, na Espanha, Itália, Portugal, França ou Japão), com concurso aplicado antes do ingresso na formação inicial (como na França ou na Lituânia) ou depois (como na Espanha), permite que certas políticas sejam mais difíceis de aplicar numa sociedade onde o emprego é precário e não seguro — ou, pelo menos, muito instável —, já que existem problemas de adequação às necessidades reais, de incentivos profissionais e as normas administrativas precisam ser adaptadas. Mas também possui suas vantagens: maior exigência nos critérios de admissão, quadro funcional mais estável ou mobilidade útil, maior autonomia no trabalho, profissão mais unida a um sistema de níveis de profissionalização que de postos de trabalho etc. Não obstante, concordo com a conclusão, presente em todos os relatórios, de que temos de melhorar os critérios para a seleção do professorado, sobretudo de ingresso na universidade.

---

8. Eurydice. *The teaching profession in Europe*: practices, perceptions, and policies. Bruxelas, 2001. Disponível em: <eacea.ec.europa.eu/education/eurydice/documents/thematic.../184EN.pdf>. Acesso em: 10 set. 2015.

No modelo de funcionalismo público[9] espanhol, seria preciso analisar bem o sistema de seleção de ingresso e — acredito que seja o mais importante — desenvolver sua autonomia nas escolas, mas não como se entende em muitos países, nos quais se limita a uma autonomia na gestão do pessoal, e sim em uma verdadeira autonomia na gestão educacional. O relatório da Organização para a Cooperação e o Desenvolvimento Econômico (OCDE) de março de 2012 questiona que o atual modelo de educação pública espanhola, com sua rigidez do sistema de acesso funcional à docência, seja o mais adequado para que os alunos obtenham melhores resultados acadêmicos. Esse é um dos aspectos em que há mais diferenças entre a Espanha e outros países europeus: no sistema espanhol, baseado na carreira profissional, não faltam docentes, ao passo que nos países que têm um sistema baseado no cargo, como Canadá, Suíça, Suécia, Reino Unido, existem problemas para contratar professores de matemática, ciência e tecnologia da informação. Na Espanha, ao contrário, há um número de candidatos muito maior que o volume de vagas que o sistema oferece por concurso, e isso apesar da evolução demográfica decrescente da população.

5.1.5 A eficiência do professorado

Concordo plenamente com os relatórios quando afirmam que é preciso criar um modelo de avaliação do desempenho docente. O modelo que expusemos anteriormente, o de serviço público, necessita, mais do que outros modelos que utilizam formas de emprego flexíveis, de controle na execução do trabalho. Concordamos em que é preciso reagir contra o professorado ineficiente, dar apoio aos recém-

---

9. "Diferentes autores e relatórios da OCDE posicionaram-se sobre os efeitos de um modelo de serviço público baseado na carreira e um modelo contratual, concentrado no posto de trabalho. Quase sempre delimitando os prós e os contras de uns e outros. Entre os contras do modelo do serviço público destacaram a pouca motivação para melhorar e para atender às necessidades locais, assim como a pouca atratividade para o professorado que descobre seu desinteresse pela docência. Isso não faz com que o modelo contratual se torne preferível ao de serviço público" (BEGOÑA ZAMORA. *Voces y miradas del y sobre el profesorado*. RASE, v. 4, n. 3, p. 336-368).

-formados e autonomia ao professorado e à comunidade (embora nos relatórios não se fale explicitamente dela) e em que é preciso dar à escola mais flexibilidade de horário, com condições de trabalho igualmente mais flexíveis.

Neste ponto, voltamos a insistir em um dos pontos mais controvertidos em educação: a escolha de cargos e a gestão educacional. Os relatórios defendem uma melhoria do acesso a cargos diretivos ou de responsabilidade na gestão educacional, tema que já começa a ser proposto.

5.2 Aspectos de política específica

Podemos comprovar que existem políticas comuns entre os diversos países. Todos coincidem em dar prioridade à qualidade em vez da quantidade e em afirmar que não é fácil porque a docência é um trabalho exigente — é interessante o acordo unânime sobre o fato de essa avaliação não corresponder com certa imagem social e certas decisões políticas.

Mas como aumentar a qualidade dos docentes? Concorda-se que se obterá mais qualidade educacional estabelecendo melhores critérios de seleção tanto no ingresso aos estudos como no local de trabalho, introduzindo uma avaliação ao longo da carreira docente e destinando mais recursos ao professorado. Em resumo, cabe empenhar-se nas recompensas extrínsecas, já que a maioria dos docentes motiva-se pelas recompensas mais intrínsecas, como seu trabalho com crianças e sua contribuição social. Como se vê em todos os relatórios, e há algum tempo, a profissão docente ainda se alimenta de certo altruísmo social.

Outro aspecto é que se necessita de uma profissão com um novo perfil de competências que assuma os desafios do ensino e da aprendizagem atual e do futuro. Concorda-se em que é preciso dotar o professorado de mais competências pedagógicas, de capacidade de trabalhar com os colegas, e conferir às escolas mais responsabilidade com uma maior descentralização da gestão do pessoal (embora em alguns países isso seja interpretado como sinônimo da divisão de recursos reduzidos e de mais responsabilidades entre os diferentes atores). São três dos elementos comuns na maioria de países. Este último, que já conta com alguma experiência na Espanha, é interessante e necessário para consolidar equipes de trabalho estáveis e beneficia as populações desfavorecidas, onde é mais difícil fazer com que o professorado seja alocado e permaneça em seu local de trabalho durante o tempo necessário para consolidar uma equipe docente e um projeto de escola.

Voltamos a insistir também num aspecto que há algum tempo é motivo de preocupação na formação permanente do professorado e em seu desenvolvimento profissional; refiro-me à atenção aos professores recém-formados em sua incorporação à docência. Deveria ser realizado um curso de introdução à docência nas escolas, que favorecesse o incentivo dos profissionais à inovação (e à revisão de práticas de trabalho obsoletas), com o objetivo de levar a um desenvolvimento profissional constante e dinâmico do professorado.

Considera-se professor recém-formado o que tem menos de cinco anos de exercício profissional; suas problemáticas são conhecidas há algum tempo pela enorme quantidade de pesquisas realizadas sobre eles. De acordo com diversas pesquisas sobre a problemática que afeta o novo professor, concebe-se seu trabalho a partir dos possíveis erros cometidos nos primeiros momentos de sua profissão docente e da reflexão sobre os acertos em sua atividade cotidiana. Os problemas mais usuais com que os professores recém-formados se deparam na atividade docente são (em ordem de importância):

1. Manter a disciplina em sala de aula.
2. Tratar diferenças individuais em sala de aula.
3. Trabalhar com material didático insuficiente.
4. A motivação dos alunos para a aprendizagem.
5. Como direcionar o relacionamento com os pais.
6. A elaboração de uma programação para o dia.
7. A avaliação dos resultados da aprendizagem.
8. O problema do horário adequado aos tempos escolares.

Se tivéssemos de resumir em algumas frases onde reside a maior preocupação internacional sobre a profissão docente, poderíamos mencionar os seguintes aspectos:

- Estudar as novas competências que o professorado precisa adquirir na sociedade atual.
- Tornar a profissão mais atrativa, em seu ingresso e desenvolvimento, para reduzir a escassez de professores em muitos países (melhorar aspectos como o salário, a carga horária, a segurida-de trabalhista, a carreira, a imagem e o prestígio social etc.).
- Promover uma instituição educacional mais autônoma, mais responsável em sua gestão pedagógica, organizacional e do pessoal.

São os três vetores que estão presentes nos discursos de todas as comissões, de todas as pesquisas e de todos os relatórios internacionais.

CAPÍTULO 6

A profissão docente no contexto atual da educação para além dos relatórios

Neste capítulo oferecerei minha visão da profissão docente à margem dos relatórios que analisei no capítulo anterior, embora coincida em muitas das temáticas desenvolvidas. Tentarei avaliar sua aplicação no atual contexto do ensino.

A mudança é um fenômeno inerente à pessoa como indivíduo e à sociedade como coletivo. Sem mudanças não haveria progresso. Houve mudanças em todas as épocas, mas talvez a última geração de professores e professoras de todos os níveis do ensino, formados em outra época, no século anterior, tenham vivido essa mudança mais intensamente (em alguns casos, de maneira traumática, por seu caráter vertiginoso), já que, em virtude da idade que têm, pela sociedade em que viveram e como professores e professoras na cultura profissional docente adquirida, foram educados e formados em determinada forma de ver a realidade educacional e social e receberam algumas orientações conceituais e ideológicas concretas sobre a vida e a profissão de ensinar. Nas últimas décadas, essas mudanças também levaram a viver situações profissionais muito diferentes e talvez mais adequadas para épocas anteriores, marcadas por mudanças mais lentas, mais dilatadas no tempo, não tão vertiginosas como as atuais, produto da transformação social, educacional, política, econômica e científica dos últimos decênios do século XX e do início do século XXI.

Fullan (2002) parte do fato de que os processos de mudança são muito complexos e que não é possível ter um controle total sobre eles. Para ele, a proposta de mudança passa por oito lições:

1. O que é importante não pode ser imposto por mandato.
2. A mudança é uma viagem, não um projeto estabelecido.
3. Os problemas são nossos amigos.
4. A visão e o planejamento estratégico são posteriores.
5. O individualismo e o coletivismo devem ter um poder equitativo.
6. Nem a centralização nem a descentralização funcionam.
7. As conexões com o entorno mais amplo são essenciais para o sucesso.
8. Todas as pessoas são agentes de mudança.

A mudança segundo Fullan (2002)

Esses processos de mudança, às vezes vividos com uma percepção de vertiginosidade, são elementos condicionantes da forma de exercer a profissão de professor em um ambiente sociopolítico e econômico de grandes transformações das instituições sociais e familiares, em relação com os processos e as finalidades educacionais, em uma época de início do século XXI repleto de incertezas, de mutações vigorosas, de discursos renovados sobre a importância da educação, mas cheio de muitos simbolismos nas palavras e nas ações e de pouca capacidade de se refletir na melhoria do ensino. Enfim, um século de grande desconcerto, como ocorreu em épocas passadas. Dizem que do desconcerto, da incerteza e da crise surgem as novas propostas. Em nosso caso, elas ainda não apareceram.

E não apenas mantemos a percepção de que os que dirigem a educação estão desorientados, mas que, devido a eles e ao ambiente, as instituições educacionais também parecem desorientadas, em virtude das múltiplas atribuições e informações que recebem, do excesso de responsabilidade que se deposita nelas e, finalmente, da análise crítica de que são objeto pela obsessão política e midiática com os resultados obtidos. Há uma obsessão mais com a medição que com a melhoria social.

Para tentar explicar minhas ideias sobre a necessidade de uma nova reprofissionalização[1] docente para uma nova educação do presente e do futuro, preciso, em primeiro lugar, situar o quadro referencial desse contexto educacional, ou seja, procurar saber por que essa nova profissionalização do professorado é necessária e por que falamos da necessidade de fazer uma nova educação que tenha como consequência, entre muitas outras coisas, mudar a gramática (não a retórica, que já é suficiente) do sistema educacional, as formas de atuar e de trabalhar na escola e a possibilidade de uma mudança suficientemente radical na maneira de ver a profissão docente em todas as etapas educativas para uma melhor educação do futuro. É a busca do porquê para tentar realizar uma análise incipiente do futuro, partindo do presente e do atual contexto, da realidade da instituição educacional e da situação da profissão docente.

6.1 A profissão docente do presente para o futuro

O que é profissão? Uma profissão é uma atividade especializada do trabalho. O conceito de profissão evoluiu com o tempo. Os antecedentes sobre a origem desse conceito encontram-se em antigos textos judaicos, nos quais se assinala que essa palavra era usada com relação a funções sacerdotais, a negócios a serviço do rei ou de um funcionário real, uma vez que o vocábulo significa mandar ou enviar, o que representava realizar uma missão. No sentido atual, contudo, o conceito não pode retroceder além da época pré-industrial, uma

---

1. Em termos gerais, a profissionalização na docência implica uma referência à organização do trabalho dentro do sistema educacional e à dinâmica externa do mercado de trabalho. Portanto, ser um profissional implica dominar capacidades e habilidades especializadas que nos tornam competentes em determinado trabalho e que, além disso, nos unem a um grupo profissional.

vez que é produto da industrialização e da divisão do trabalho. Estabelecia-se uma profissão quando existia um corpo específico de conhecimentos para atuar em uma realidade social organizada, e a profissão é uma forma especial de organização ocupacional baseada em um corpo de conhecimento sistemático adquirido através de uma formação específica. Mas atualmente, embora a profissão se fundamente em conhecimentos especializados e técnicos, é também um fenômeno sociocultural no qual intervêm um conjunto de conhecimentos e habilidades, tradições, costumes e práticas que dependem do contexto econômico, social e cultural no qual surge e se desenvolve. Portanto, o conceito de profissão já não é tão restrito, mas se amplia consideravelmente.[2]

Para começar, devo dizer que tentar prever o futuro nos obriga a efetuar um ato de prospectiva sempre arriscado, um esforço de imaginação não isento de possíveis equívocos, gerados, em primeiro lugar, pela interpretação que eu fizer dos indicadores que estão ao meu alcance; em segundo lugar, pela maneira subjetiva de perceber a atualidade que logicamente tenho e, em terceiro lugar, porque só posso me arriscar a prever o futuro imediato, o que parece mais previsível, e sou incapaz de ver além para não cair na ficção científica ou na ucronia.[3] É mais difícil ainda quando o exercício de cunho "profético" recai sobre um futuro marcado por essa mudança vertiginosa de que falávamos anteriormente, que ultrapassa toda previsão, e pela incerteza do mundo em que nos coube viver, onde o que hoje consideramos "verdade" é colocado em dúvida alguns instantes depois. Assim, é a partir desse risco, dessa incerteza e dessa dúvida que proponho

---

2. Algumas ideias surgiram de <http://chnsour.blogspot.com.br/2007/07/qu-es-una-profesin.html>. Acesso em: jun. 2015.

3. Uma ucronia é uma especulação coerente a partir de uma mudança na história passada para criar uma realidade alternativa. O termo foi criado pelo filósofo francês Renouvier e significaria "a utopia no tempo". A ucronia transcorre em um tempo alternativo, e costuma ter como ponto de partida um acontecimento histórico significativo e relevante (denominado "ponto Jonbar") para especular sobre as possíveis consequências de um resultado diferente que teria alterado de forma notável os acontecimentos históricos seguintes. Por esse motivo as ucronias são muito sugestivas para os escritores de ficção científica.

uma possível análise sobre como poderia ou deveria ser o futuro da profissão docente.

Talvez não apenas me repita voltando a dizer o que outros disseram — se o que foi dito é interessante, não teria importância —, mas repito a mim mesmo que possivelmente nos últimos anos já se disse tudo o que importa, ou quase tudo, e até de uma maneira reiterada como uma roda. Certamente ainda se dirá muito mais. E, quando olho para o que se disse, observo que se destacaram os aspectos mais teóricos (tendência usual da educação quando falam os que trabalham na prática) e se ofereceram poucas soluções para a prática da profissão docente e para sua situação nas instituições educacionais. Caberá a outros procurar essas novas palavras e alternativas.

Quando se vive o presente, a pessoa não tem muita consciência sobre o que acontece fora de si mesma, já que está imersa nela e no que se passa dentro dela; é a vivência do momento. Talvez dentro de alguns anos, quando for possível fazer uma retrospectiva histórica do que foi essa época das primeiras décadas do século XXI, se veja com maior nitidez e precisão o que aconteceu (como quando uma pessoa olha para trás, analisa seu passado e como foi esse transcurso, esse andar pelo caminho). Mas, voltando à profissão, percebemos que, situado na realidade atual, o discurso sobre a profissão docente se mostra nebuloso e complexo. Por isso, com base nessa perspectiva geral e nessa maneira de organizar as ideias, passo a abordar o tema; quero ver se consigo encontrar alternativas de melhoria ou de mudança. E, se isso não for possível, quero analisar o que está acontecendo e qual deveria ser o caminho.

Começo por uma primeira ideia, uma ideia que sempre me preocupou nas escolas. Não convém analisar a profissão docente de uma maneira isolada, falando do professor ou da professora como indivíduo em sua sala de aula, em sua escola e com suas crianças, mas precisamos situá-los em dois grandes âmbitos: um mais externo e outro mais interno, que constituem a referência para estabelecer as novas considerações profissionais. Passemos a analisá-los com mais atenção.

No âmbito externo, vemos que é sumamente difícil fazer uma análise e elaborar um discurso sobre a profissão docente sem debater sobre a atualidade do conceito que se tem hoje da profissão. Ainda estamos em uma época que considera a profissão docente como uma semiprofissão ou uma profissão restrita, mais próxima de um ofício; afirma-se que ainda não reúne todas as características que os teóricos das profissões consideram características profissionais.

> Hargreaves (1996) afirma que o profissionalismo docente teve quatro idades, ainda que sobrepostas ao longo do tempo. As quatro etapas são: a idade semiprofissional, a idade do profissional autônomo, a idade do profissional colegiado e a idade pós-profissional. Ele caracteriza a última pela nova liderança do professor nas escolas e comunidades, por novas áreas de comunicação com os pais e pelo fortalecimento das comunidades profissionais de docentes como estratégia para a melhoria da aprendizagem profissional contínua.

Embora cada vez menos seja um debate teórico mais sociológico e acadêmico que social e o conceito de profissão tenha variado e se ampliado no último século com o surgimento de novas profissões, o conceito de semiprofissional ou semelhante aplicado ao docente perdura no imaginário social, permanecendo essa percepção de pouco prestígio; é o imaginário social de ver a profissão de professor como de nível "baixo" (isso significa que existe uma percepção da sociedade e do professorado de falta de consideração social; não tanto de desprestígio, como dizem alguns). Mas, a meu ver, essa percepção é exagerada; é a de professores e professoras, e eu tenho a teoria de que, entre outros aspectos históricos, sempre se pensou que ser professor ou professora era fácil comparado com outras profissões. E é difícil mudar isso.

Atualmente considero o professor um profissional[4] do conhecimento mais que um profissional do ensino (embora sempre um

---

4. Quando falamos do docente como profissional, referimo-nos a uma atividade de trabalho permanente. Portanto, o professor como profissional será sinônimo de professor trabalhador (e trabalhador do conhecimento). Um profissional que trabalha em uma atividade pública que emite

trabalhador do ensino). É verdade que houve uma evolução ao longo do século XX: o acesso a cursos universitários, como ocorreu com outras profissões e com a mesma duração — que demorou mais do que deveria —, a captação de determinadas pessoas, o aumento dos traços que vão caracterizando as profissões do século XXI, as mudanças sociais em relação à especialização etc. Tudo isso foi mudando as considerações das profissões, e entre elas a de docente. Mas ainda falta muito para avançar no que diz respeito a melhorar o acesso à formação inicial e à profissão, a concepção social que leva a tarefas novas, a carreira docente como motivação e desenvolvimento profissional, e suas considerações trabalhistas. Creio que, ao longo do século XXI, será decisivo para assumir esse papel profissional que a profissão docente merece. Ou essa é minha esperança.

Também não podemos tratar o tema da profissão docente sem considerar o que acontece fora das salas de aula e das instituições educacionais, ou seja, sem analisar as grandes mudanças que aconteceram nas últimas décadas no conhecimento científico, na tecnologia, nas estruturas familiares, em outras instâncias de socialização primária, nas associações, nas redes sociais, nos movimentos em favor e contra a mundialização e a globalização, nos fluxos migratórios, na consolidação das democracias com maior ou menor protagonismo dos cidadãos, no próprio conceito de cidadania, nas políticas dos diversos governos, nas novas sensibilidades que se escondiam ou são negadas e, certamente, em outros fatores de mudança social, econômica, cultural etc., que influenciam, logicamente e em grande medida, a profissão docente, porque este não é apenas um trabalho educacional, mas um trabalho social por excelência.

E não é tão fácil assumir essas mudanças ou se preparar para assumi-las constantemente. São mudanças que ocorrem em contextos multiculturais, multilíngues e multiétnicos, mudanças epistemológicas em diferentes âmbitos do conhecimento, mudanças das formas de

---

juízos e que toma decisões em circunstâncias sociais, políticas e econômicas. Um profissional que se enquadra em um contexto que o condiciona e que requer uma formação específica em diversas capacidades.

ensinar e aprender, mudanças tecnológicas. Tudo isso implica uma nova socialização profissional. E, para tanto, é preciso reconstruir a formação, as estruturas, os incentivos, as situações trabalhistas, as novas profissões educacionais etc. É possível que as novas gerações estejam mais acostumadas com isso e não lhes cause tantos problemas como para as gerações anteriores de professores e professoras.

Tudo isso sem esquecer os novos papéis que se exigem das instituições educativas nas diversas etapas do sistema educacional. A demanda atual também evoluiu em relação à do passado. A mudança provocada nas instâncias usuais de socialização (família, bairro, comunidade, igreja, associações...); o surgimento das tecnologias da informação e a comunicação com a internet e as redes sociais afetaram tudo o que estamos comentando, mas sobretudo as funções do sistema educacional, que passou a assumir a transmissão de novos saberes sem saber como e, por outro lado, perdeu o monopólio do conhecimento científico básico, que era o fundamental em uma época determinada. Houve, portanto, uma descentralização dos conhecimentos em algumas instituições que os possuíam e distribuíam. Atualmente, muitos saberes que eram patrimônio quase exclusivo das escolas ou de qualquer instituição educacional podem ser encontrados em diversos lugares (sobretudo nos grandes meios de comunicação e informação e através de múltiplos canais cuja referência é a internet e tudo o que a rede possibilita). Embora, é claro, sempre haverá novos saberes e novas sensibilidades próprias da escola, que será difícil distribuir pela rede mundial (até agora). Esse novo papel do que ensinar, como ensinar, quais conteúdos, qual currículo etc., e a forma de organizar tudo isso nas instituições educacionais provocam uma grande inquietação na profissão docente. Há algum tempo têm surgido diversos filmes que tratam desse novo papel do professorado tanto nas escolas como nas salas de aula.

Parece que, no início do século XXI, o sistema educacional já não é importante. A educação não perdeu importância, é claro, mas o sistema educacional é outra coisa, é esse tecido que garante a educação obrigatória e regulamenta a oferta pública de ensino. A educação continua a ser importante, como se comprova em todo discurso político institucional. E também o é do ponto de vista social; basta dar uma olhada nos anúncios que oferecem formação contínua, propostas extraescolares, aprendizagem informal, idiomas etc.

Dizer que o sistema educacional não presta pode parecer uma afirmação atrevida demais, mas as evidências são patentes nas políticas educacionais, como podemos ver ao analisar a capacidade de decisão e o poder das pessoas que ocupam os cargos políticos em educação e, sobretudo, o pouco incremento do orçamento destinado nos últimos anos ao sistema educacional. Nos discursos já nem aparece essa frase feliz, e em outros tempos recorrente: "investir em educação é investir no futuro". A teoria do capital humano (a relação entre educação e redistribuição social ou entre formação da força de trabalho e renda) já não se aplica ao sistema educacional, e sim a outros setores de formação alheios a este.

Talvez já tenhamos alcançado todos os objetivos possíveis: todas as crianças e adolescentes escolarizados, uma escola pública e privada (a maioria financiada com verbas públicas) que desempenham a função que a sociedade lhes atribuiu, ou seja, manter as crianças e adolescentes nas salas de aula e transmitir-lhes a cultura básica. A cultura específica ficará a cargo da educação fora da escola. É claro, quem tiver mais meios terá mais oportunidades e quem tiver menos meios terá de se conformar com a escola. É uma política segregadora e seletiva. Ela nos demonstra que a desigualdade não pode ser superada na escola. O país das oportunidades está fora.

Mas se queremos uma educação igualitária, que significa uma igualdade de oportunidades para todos, temos de fortalecer o sistema educacional e conseguir uma participação maior da comunidade. E quando falamos de comunidade não nos referimos unicamente a mães e pais, mas a todas as pessoas e instituições que têm uma influência educacional (municípios, empresas, associações, voluntários...). Também não nos referimos a uma mera representação em um órgão decorativo, mas a uma verdadeira participação ativa em todos os âmbitos de decisão ligados à educação de seus filhos. A escola para todos, a escola do futuro, é uma escola diferente que é preciso começar a construir agora. Depois será tarde demais.

No entanto, não podemos nos esquecer das mudanças sofridas pelos alunos, diferentes na forma de ser, de ver a realidade e de aprender. As mudanças intergeracionais se encurtaram entre as idades. Os alunos sempre foram diferentes, mas a mudança geracional era mais lenta; agora se precipita, e em muito pouco tempo ocorrem mudanças radicais entre alunos e alunas de idades muito próximas. É possível que as atuais instituições educacionais, herdeiras de um passado que sempre é resistente à mudança em alguns aspectos, não sejam totalmente adequadas para ensinar e aprender nessa heterogeneidade de alunos e no âmbito de uma mudança geracional constante.

> Alguns exemplos de textos históricos das mudanças intergeracionais:
> - Os jovens de hoje amam o luxo, são mal-educados, menosprezam a autoridade, não têm nenhum respeito pelos mais velhos e falam em vez de trabalhar. (Sócrates, 470-399 a.C.)
> - Os jovens de hoje não parecem ter respeito algum pelo passado nem esperança nenhuma em relação ao futuro. (Hipócrates, século IV a.C.)
> - A juventude é preguiçosa e não religiosa, não é como a juventude de outrora e será incapaz de preservar nossa civilização. (Tabuleta de argila babilônica datada do ano 3000 a.C.)

E, por fim, embora certamente existam muitos outros elementos que influenciam e continuarão a influenciar a profissão, eu destacaria a análise da situação trabalhista e da carreira profissional do professorado. Conquista difícil e longa, que está demorando muitos anos para chegar a uma solução. Desde o primeiro quarto do século XX pede-se mais autonomia para os docentes, um código profissional e novos elementos de motivação. São lutas constantes. O professorado é mal remunerados em muitos países, sem carreira profissional ou com carreiras quase totalmente planas e desmotivadoras, com um corporativismo que beneficia os que se esforçam pouco etc. A situação trabalhista e a carreira influenciam o trabalho do grupo e, portanto, influenciam a profissão docente. A criação de uma carreira com a possibilidade de promoção profissional vertical e horizontal, ou seja, para cima e para os lados, com a possibilidade de valorizar o esforço dos que inovam, pesquisam, se formam etc., seria um elemento importante de motivação profissional. Ultimamente têm sido feito esforços não tanto por parte dos governos, mas das associações de professores, que consideram necessário estabelecer códigos éticos, morais e deontológicos.

> **A eterna utopia: a carreira docente**
>
> A atual carreira docente é plana, ou seja, com pouca promoção. Se qualquer docente quer ser promovido (ganhar mais econômica e socialmente), precisa sair da escola ou da instituição de ensino, tendo acesso a profissões educacionais diferentes da de lecionar para crianças (inspetor, professor universitário, assessor psicopedagógico, orientador, administrador educacional etc.). A carreira atual não desenvolve a pessoa nem como profissional nem como membro de um instituto educacional, pois não melhora a situação trabalhista, o conhecimento pessoal nem as habilidades e as atitudes dos funcionários na escola. Isso é justo? É bom para o sistema educacional que pessoas valiosas nas escolas se vejam obrigadas a sair caso queiram progredir social, econômica ou pessoalmente (é legítima qualquer das três questões)? Não, é triste e lamentável.
>
> Há tempos dizemos que a carreira do docente, seu desenvolvimento profissional, teria de possuir dois eixos: vertical e horizontal. Eu me explico. Vertical (o mais usual nas carreiras profissionais) é a possibilidade de progredir para cima, para cargos de níveis diferentes, mas de *status* supostamente superior (pelo menos economicamente): inspeção, assessoria externa, governo, universidade etc. São cargos que possibilitam um desenvolvimento profissional fora da escola. A pessoa precisa deixar a sala de aula para assumir o novo cargo, normalmente mais bem remunerado, sem crianças e com mais prestígio social, considerando o prestígio social das profissões da área educacional.
>
> A promoção horizontal é aquela que permite o desenvolvimento dos docentes no interior das escolas e institutos educacionais. A promoção horizontal permitiria que muitas pessoas valiosas permanecessem nas escolas e o sistema educacional também ganharia com funcionários mais qualificados.
>
> Esse sistema de promoção horizontal também permitiria encontrar professores e professoras que, devido a sua longa trajetória no âmbito educacional e quando se tornam mais velhos, formam os jovens e os acompanham em suas primeiras práticas (como mentores ou mentoras), assumem tarefas de assessoria a escolas ou outras tarefas não diretamente relacionadas com a docência de crianças, mas dentro da escola.

> Uma carreira profissional horizontal permitiria um maior desenvolvimento profissional dos docentes, sobretudo daqueles que desejam permanecer nas escolas e continuar trabalhando pela inovação. O desenvolvimento profissional dos professores não pode ocorrer apenas verticalmente. Isso converte a carreira profissional em uma aspiração individual e não em um desenvolvimento coletivo e de melhoria social.

Se entramos no âmbito mais interno do que acontece na educação, também podemos destacar alguns eixos que ocorrem na profissão docente e que impulsionam essa grande mudança na profissão.

Um primeiro elemento é o acesso maciço da população à educação. A ampliação da escolarização[5] obrigatória é um grande avanço da humanidade, mas ao mesmo tempo está criando alguns problemas para uma profissão que não estava preparada para isso nem no âmbito profissional nem no organizacional.

Além disso, os fluxos migratórios que tornam as escolas multiculturais e interculturais, embora tragam muitos elementos de riqueza, como comentávamos em outro capítulo, também trazem elementos preocupantes, pois muitos professores não sabem como agir.

As novas demandas educacionais que foram surgindo nos últimos anos são demandas às quais a instituição educacional pode ter de se dedicar com mais empenho, já que os alunos poderão aprender fora da escola outros âmbitos do conhecimento — como dissemos anteriormente — por intermédio das tecnologias. Refiro-me à educação no contexto, à educação para o desenvolvimento humano sustentável, à educação em valores e em cidadania responsável, à educação para o desenvolvimento do pensamento complexo e para a autoformação na sociedade da informação e do conhecimento; uma educação que permita a igualdade de oportunidades para todos os que têm acesso a ela, sem se conformar com estruturas do pensamento que pretendam

---

5. J. M. Esteve (2003) chama o processo da escolarização total de "terceira revolução educacional", já comentada anteriormente. O livro com o mesmo título, *A terceira revolução educacional*: a educação na sociedade do conhecimento, foi publicado em português pela editora Moderna, de São Paulo (2004).

justificar que a desigualdade é uma situação ética e socialmente aceitável. A profissão deve ser desenvolvida de maneira mais educativa e social que técnica, com o objetivo de atingir as aprendizagens básicas. Mas isso também implica riscos, uma vez que o aumento de exigências pode levar a uma intensificação do trabalho educacional (trabalhar muito e fazer muitas coisas mal) e a certa desprofissionalização decorrente da ausência de delimitação clara das funções dos professores.

E não podemos nos esquecer de que a ação docente se realiza em um contexto democrático (naqueles países em que se criou uma democracia), mas ao mesmo tempo de valores contraditórios entre os indivíduos, o progresso social e os meios de comunicação, onde a chamada sociedade da informação provocou um aumento da desigualdade e a exclusão social (digital e informativa) de grandes camadas da população e até de países inteiros. A profissão docente tem de realizar muitas tarefas e elas são muito significativas.

> O principal recurso do sistema educacional são os professores. Eis aqui um lugar-comum que sempre é invocado, mas cujas consequências raramente são percebidas. Afirma-se reiteradamente que o sistema está alicerçado nos professores, que o trabalho deles é essencial, que esta ou aquela política ou reforma só serão levadas a termo com o apoio deles etc., mas ao mesmo tempo se evita com o maior cuidado uma discussão realista da natureza e das condições de seu trabalho e de sua carreira profissional.
>
> FERNÁNDEZ ANGUITA, Mariano. *Reformar el trabajo y la carrera docentes*, 20 jan. 2005. Disponível em: <http://enguita.blogspot.com.es/2005/01/reformar-el-trabajo-y-la-carrera.html>. Acesso em: 17 jun. 2015.

6.2 A profissão docente em um contexto incerto

Tudo o que comentamos até agora obriga-nos a repensar as funções da profissão docente. Mais que uma nova maquiagem de reformas para estabelecer a formação e os perfis — sempre acreditei que não existem perfis, mas quadros profissionais em contextos específicos —, as funções ou competências da profissão, deveríamos definir uma verdadeira reprofissionalização, voltar a pensar a profissão e inseri-la no contexto do século XXI, com tudo o que foi comentado no item anterior, voltar a realizar uma verdadeira desconstrução do que foi a profissão para reconceituá-la, planejá-la e construí-la de novo.

Um dos aspectos importantes para compreender toda essa nova forma de trabalhar como professor talvez seja desenvolver na profissão uma maior capacidade de relacionamento, de comunicação, de colaboração, de transmitir emoções e atitudes, de compartilhar com os colegas a problemática decorrente do que acontece e do que acontece comigo; aspecto que destacaremos posteriormente como um dos elementos fundamentais de mudança na profissão docente. Essa comunicação e esse aprender juntamente com os colegas deveriam ajudar a romper o isolamento celular do professor. Talvez a estrutura arquitetônica não ajude, e por isso as construções escolares devem ser mudadas, porém o isolamento histórico do professor não prejudica apenas o desenvolvimento da profissão, mas também os próprios professores, quando a situação educacional se torna mais conflituosa. Frequentemente, o isolamento gera desassossego, ansiedade e doença, porque não há ninguém que ajude nem que ouça o que está acontecendo com o outro. Quando não compartilho meus problemas, eles se tornam mais angustiantes.

Outra questão que pode ajudar na profissão é — como dizíamos em um capítulo anterior — abrir as portas das instituições educacionais para o contexto, para a comunidade, que se tornou muito mais influente e poderosa, e estabelecer alianças com seus agentes para defender os mesmos valores educacionais. A alternativa de um projeto educacional comunitário se vislumbra como uma das melhores alternativas para os tempos em que temos de viver. Compartilhar critérios, cumplicidades, alianças e defender os mesmos valores com a comunidade será cada vez mais imprescindível para evitar a exclusão social de algumas camadas da população. Lembremos que crianças e adolescentes não são educados apenas pela escola, mas pelo contexto onde se desenvolvem, e que é cada vez mais poderoso e contraditório com o que a instituição escolar deseja ensinar.

Tudo isso implica uma demanda de um maior número de funções e de competências para a profissão. Se analisamos o que se diz e o que se escreve (oficial e academicamente), encontramos um superprofessor ou uma superprofessora com grandes dificuldades para conseguir realizar essas competências na realidade da educação atual e da estrutura dos sistemas educacionais. Vejamos quais são essas competências:

- mediador(a) mais que instrutor;
- especialista na disciplina;
- educador(a) com pensamento crítico;
- com capacidade profissional autônoma;
- que atende à diversidade;
- com atitude corporativa, de comunicação e processos colaborativos;
- que propõe valores;
- que soluciona problemas, conflitos e toma decisões;
- que trabalha com a comunidade e conhece o entorno;
- que conhece a vida cotidiana.

Mas essa lista de instruções que pretendem dizer quais competências são ideais não nos serve. Essas instruções são próprias de manual de professores que não sabem o que é a educação real ou se formam para conhecê-la com base na teoria. E se, além disso, nos introduzimos em uma profissão comprometida com a mudança social, pede-se que o professorado não seja um reprodutor acrítico da ideologia social imperante, mas que seja capaz de educar em uma nova ordem social e para ele mesmo; que considere um contrato social, ambiental, cultural, ético, entre outros. Tudo isso é muito bonito. Talvez seja necessário e imprescindível para realizar uma boa tarefa docente, mas as circunstâncias institucionais não favorecem o desenvolvimento dessas competências. Para assumir essas novas competências profissionais, precisamos enfrentar, no mínimo, várias questões; algumas coincidem, é claro, com as listas de competências dos manuais docentes.

Uma delas é a reconceitualização curricular da educação. Na sociedade atual, tende-se a dar mais importância e prioridade às competências a ser desenvolvidas nas pessoas que ao acúmulo de sabedoria ou domínio de saberes. Isso implica uma discussão sobre o que deve ser ensinado nas diversas etapas do sistema educacional e professorado mais bem preparado para realizar esse trabalho transversal, de grande importância na formação do cidadão e da cidadã.

Também é cada vez mais necessário assumir o papel de ser um agente social comprometido no território e estabelecer alianças com todos os agentes da comunidade que intervêm na educação da infância. Implica acreditar que os professores podem ser verdadeiros agentes sociais, planejadores e gestores do ensino-aprendizagem, e que, além disso, podem intervir nos complexos sistemas que configuram a estrutura social e trabalhista do território em que atuam.

Outra questão é uma nova cultura na instituição educacional. O professorado precisa ser capaz de romper o isolamento, o celularismo escolar — tratado anteriormente em outro capítulo — e compartilhar com os colegas os significados da prática e da teoria, além de acreditar que ele ou ela, juntamente com os companheiros na instituição educacional, é capaz de gerar conhecimento inovador, de realizar práticas alternativas adequadas ao contexto onde se situa a educação. Para tanto, é muito importante que não se trate de uma profissão subsidiária e dependente do conhecimento especializado externo, mas que se aplique o pensamento prático dado pela experiência e se desenvolva a imaginação nos processos educacionais. É preciso autoconscientizar-se de sua capacidade de, juntamente com os colegas, promover mudanças na prática educacional.

Certamente estou deixando de citar algumas coisas, mas estas três são importantes para mim: currículo, compromisso e contexto. Lutar contra a tradição educacional que contagia determinada cultura profissional que diz, e repete insistentemente, que é preciso hierarquizar e rejeitar muitos alunos, em vez de afirmar que a educação é um elemento de coesão social, para defender que o agrupamento homogêneo não beneficia a profissão e tampouco ajuda os alunos a desenvolverem o máximo de suas potencialidades. Temos de questionar a graduação escolar como estratégia educacional, já que nos isola e não se assumem responsabilidades compartilhadas; não nos permite ver que na educação cabem todos; não deve ser seletiva. Deve-se trabalhar conjuntamente em um paradigma da colegialidade e da participação, porque a profissão educacional é uma profissão social onde o exercício individual prejudica o desenvolvimento pessoal, institucional e profissional. E o contexto assumiu tanta importância que é necessário estabelecer alianças externas à instituição educacional para realizar uma boa atividade educativa. Mas...

Eis aqui um exemplo de colegialidade participativa em um filme.

Sinopse

Filme colombiano de 1993, dirigido e produzido pelo cineasta e diretor Sergio Cabrera. A obra é uma comédia dramática e relato de ficção sobre a liberdade e a solidariedade, uma metáfora da especulação imobiliária, inspirada em um caso real. O filme trata das mazelas das famílias de baixa renda em Bogotá, da disparidade entre ricos e pobres e de suas interações em um sistema social altamente estratificado. Os temas mais importantes do filme são a ocupação e a propriedade de moradia e a especulação imobiliária.

Os vizinhos de um dos bairros mais pobres de Bogotá lutam para evitar a derrubada da casa onde moram, que é propriedade de um milionário inescrupuloso. Embora sua luta contra a especulação e a corrupção pareça perdida de antemão, põem em prática uma estratégia original criada por *don* Jacinto, um velho anarquista espanhol.

6.3 Mesmo assim, não podemos cair em um ingenuísmo pedagógico

Faz tempo que digo que não seria ético analisar a profissão educacional e seu futuro caindo em um ingenuísmo pedagógico em que é fácil dizer e escrever as coisas, mas é muito mais difícil levá-las à prática. Cair no que se critica.

A profissão docente implica uma cultura determinada, se socializa em determinados âmbitos e instituições e vive uma cultura trabalhista em um contexto específico (as escolas e os institutos educacionais). Isso também precisa mudar radicalmente se queremos uma nova forma de trabalhar a educação. Devido a tudo isso — e com certeza deixo de citar outros elementos —, as mudanças na cultura profissional do magistério são lentas e não podemos precipitá-las. Mas essa lentidão implica também uma necessidade de viver pessoalmente a experiência de mudança. As transformações dos outros não favorecem necessariamente a mudança da própria pessoa. Isso não implica não realizá-las, mas ter consciência de que as novas estruturas profissionais serão criadas com o passar do tempo, e não de maneira imediata. Contudo, o que não se começa agora nunca chegará a ocorrer.

Atualmente, temos de lutar contra parte dessa cultura adquirida que nega muitos dos valores que deveriam ser defendidos, e para tanto temos de estabelecer novos processos de análise que nos permitam um antídoto crítico, uma desconstrução do aprendido, e tentar proporcionar elementos para superar as situações perpetuadoras que se arrastam há muito tempo. Deparamo-nos com uma socialização profissional, tanto inicial como permanente, em que se desenvolveram historicamente componentes que devem ser questionados e eliminados da cultura profissional do magistério.

E também nessa cultura encontramos o predomínio de uma lógica do mérito individual ligada à racionalidade técnica que impregnou o ensino durante o século XX: eu, minha classe, minhas crianças, minha mesa, minhas programações, minha carreira..., que vem acompanhado de um modelo de porta fechada e de falta de comunicação e isolamento, confundindo a autonomia pedagógica com "fazer as coisas à minha maneira em minha sala de aula", comportando uma valorização maior da inovação individual que da institucional. É valorizar mais a experiência de inovação individual que a experiência de inovação coletiva.

Não obstante, é verdade que às vezes isso foi provocado por uma formação eminentemente personalista, com uma limitada — para não usar outros qualificativos — formação inicial e um modelo aplicacionista ("faça o que eu digo e funcionará") e reprodutor na formação permanente; por um excesso de formação transmissora, sem levar em conta nem o contexto nem a instituição. Uma formação que implica uma visão de que todos devem saber as mesmas coisas, já que as realidades educacionais são únicas. Essa inverdade prejudicou muito a percepção que os docentes têm da formação permanente.

> O enfoque aplicacionista ou normativo supõe a existência de soluções elaboradas por especialistas, formadores ou formadoras sem a participação dos formados. De fora. Descontextualizado. Tradicionalmente, trata-se de aulas-modelo e se baseia na imitação do que outros fazem ou fizeram. Em sua versão tecnocrática, trata-se de ferramentas formativas deduzidas da análise dos conteúdos disciplinares. O princípio da atividade formativa é, neste caso, a reprodução centrada no tratamento nocional.
>
> Seu enfoque antagônico é o enfoque regulativo ou descritivo, caracterizado por colocar as pessoas em situações de participação, suscitando a criatividade e sua capacidade de regulá-la de acordo com seus efeitos. A capacidade de elaborar itinerários diferenciados com diversas ferramentas com um caráter aberto e gerador de dinamismo e de situações diferentes. Este modelo supõe uma orientação para um processo de reflexão baseado na participação (casos, debates, leituras, trabalho em grupo, incidentes críticos, situações problemáticas...) e exige uma proposta crítica da formação, uma análise da prática profissional sob a perspectiva dos pressupostos ideológicos e atitudinais que constituem sua base.
>
> MEIRIEU, P. H. La formación continua de los enseñantes centrada en los problemas prácticos de la clase. In: MEC. *Formación permanente del profesorado en Europa*: experiencias y perspectivas. Madrid: Ministerio de Educación y Ciencia, 1987.

Enfoques de formação de acordo com Meirieu

No final, surge uma falta de motivação em decorrência do pouco desenvolvimento de uma carreira docente que privilegia mais os que vão do que os que ficam, e que desmotiva aqueles que se esforçam mais.

Para se reconstruir uma nova forma de pensar a profissão é necessária uma cultura que desenvolva um novo processo da formação inicial e da permanente; uma nova formação inicial mais reflexiva, mais prática; uma maior formação permanente contextual e baseada em projetos de inovação. É preciso realizar projetos de inovação e receber formação para levá-los a termo. A formação também deve servir para destruir práticas trabalhistas baseadas no sexismo, na xenofobia, na intolerância, no autoritarismo e no individualismo (não a individualidade, que é necessária em educação) e, pelo contrário, para estabelecer práticas solidárias de colaboração, de maior comunicação, de democracia etc.

E, para tudo isso, é preciso apoiar mais o trabalho do professorado. Não podemos nos esquecer do desenvolvimento da pessoa, do sujeito docente como um fator importante na profissão. A meu ver, existe uma estreita relação entre o desenvolvimento individual, o institucional e a profissionalização. Isso nos leva a considerar a grande importância que tem a aprendizagem, entre o professorado, da relação, da convivência e da interação de cada pessoa com o restante do grupo que realiza tarefas similares; assim como a desenvolver uma carreira docente que favoreça a progressão horizontal no interior das instituições educacionais e a motivação para realizar projetos de inovação, de pesquisa, de desenvolvimento profissional para além da remuneração econômica de acordo com a formação recebida.

Será possível essa mudança?

A função do professorado não foi uma das mais tratadas no campo da inovação, talvez em virtude do predomínio do enfoque técnico-científico que considera o professorado como um executor do currículo (e não como um adepto da inovação) e ao qual, portanto, não se concede margem de liberdade para a inovação. Ou talvez o professorado tenha percebido a inovação como algo artificial e desvinculada dos contextos pessoais e institucionais nos quais trabalham. "A inovação é aquilo que é determinado pelos de cima e que nos dizem o que temos de fazer" pode ser a resposta histórica de uma parte do grupo de professores e professoras. Mas nos últimos anos foram surgindo interessantes trabalhos de síntese nos quais se analisa a importância do professor e de seu "pensamento" nos processos de inovação.

Professorado e inovação

6.4 Possíveis alternativas

Para discutir as alternativas possíveis, eu as subdividi naquelas que afetam diretamente o professorado e nas que os afetam indiretamente através de instituições de ensino. Como eu disse anteriormente, não podemos separar o desenvolvimento pessoal e profissional do professorado e o desenvolvimento da instituição onde exercem sua atividade.

Em primeiro lugar, a colaboração. Em relação ao professorado, destaco a necessidade da colaboração com os outros profissionais. É preciso interagir e aprender com os iguais. Ao paradigma da competição, do individualismo, da automarginalização escolar, temos de antepor o paradigma da colegialidade.

Isso implica necessariamente aumentar a comunicação. O que acontece com um geralmente acontece com quase todos. Esconder as emoções sempre é perigoso em uma profissão como a educacional, porque isso pode levar a cair em situações de mal-estar do professor.

Esquecendo a velha demanda endêmica do "praticista" ou da receptologia educacional ("diga-me como eu faço"), é necessário adquirir teoria para não cair em práticas reprodutoras. A teoria ajuda a repensar a prática, a compartilhar dúvidas e problemas. A teoria ajuda a desenvolver capacidades reflexivas, uma das habilidades imprescindíveis na profissão docente. Ajuda a saber por que as coisas são feitas e a considerar questões e capacidades reflexivas imprescindíveis no campo da educação. Ajuda a aumentar a consciência de que ensinar e aprender é complexo e que o ensino está imbuído de muita diversidade. Para fazer isso, conhecer as necessidades dos alunos e do contexto será fundamental para um desenvolvimento bem-sucedido da profissão.

> Nas culturas de colaboração, as relações de trabalho em equipe entre os professores tendem a ser:
>
> **Espontâneas.** Surgem, sobretudo, dos próprios docentes, enquanto grupo social. Podem ser apoiadas pelo Governo e promovidas graças ao estabelecimento de um horário adequado, fomentadas pelos diretores para preencher as horas de aula, por exemplo, pelo comportamento dos líderes educacionais. Nesse

> sentido, a espontaneidade das culturas de colaboração não é absoluta e essas culturas não são independentes de certa artificialidade administrativa de caráter facilitador. Não obstante, em última instância, as relações de trabalho em colaboração evoluem e se mantêm graças à própria comunidade docente.
>
> **Voluntária.** As relações de trabalho em colaboração não surgem a partir de nenhuma limitação ou imposição administrativa, e sim do valor que os professores lhes atribuem, derivado da experiência, da inclinação ou da persuasão não coercitiva de que o fato de trabalhar juntos é, ao mesmo tempo, divertido e produtivo.
>
> **Orientada para o desenvolvimento.** Nas culturas de colaboração, os professores atuam juntos, sobretudo para desenvolver suas próprias iniciativas para trabalhar sobre iniciativas apoiadas impostas de fora com as quais se comprometem. Nas culturas de colaboração, os professores com muita frequência estabelecem as tarefas e finalidades do trabalho conjunto, ao invés de se limitar a implementar os objetivos de terceiros. Neste caso, os docentes são pessoas que começam mudanças em igual ou em maior medida com que reagem a elas. Quando têm de responder a imposições externas, o fazem de forma seletiva, fundamentando-se em sua confiança profissional e em seu juízo discricionário enquanto comunidade.
>
> **Onipresente no tempo e no espaço.** Nas culturas de colaboração, o fato de trabalhar juntos não costuma se restringir a um horário de atividade (como uma sessão regular de planejamento), passível de ser determinado pelo Governo para que se produza em um momento concreto e no lugar designado para tanto. As reuniões estabelecidas no horário e as sessões de planejamento podem fazer parte das culturas de colaboração, mas não predominam sobre as outras situações nas quais se trabalha em grupo. Nas culturas de colaboração, grande parte das fórmulas que os professores utilizam para agir juntos costuma consistir em encontros informais de curta duração e frequentes, que passam quase despercebidos. Podem adotar uma forma constituída por temas como trocas de palavras e olhares, elogios e agradecimentos, ofertas de intercâmbio de aulas em momentos difíceis, sugestões de ideias novas, diálogos informais sobre novas unidades de trabalho, partilha de problemas ou reuniões.
>
> HARGREAVES, Andy. *Profesorado, cultura y postmodernidad*: cambian los tiempos, cambia el profesorado. Madrid: Ediciones Morata, 1996. p. 218.

Culturas de colaboração

E evidentemente temos de nos introduzir nas tecnologias do ensino quando falamos de alunos digitais, com professores e professoras imigrantes digitais ou nativos analógicos. Não podemos deixar desassistidas muitas crianças que, no futuro, terão de possuir um quadro de conhecimento tecnológico.

> A expressão "nativos digitais" foi criada por Marc Prensky em oposição aos imigrantes digitais que chegaram tarde às TIC [Tecnologias da Informação e da Comunicação], num ensaio publicado em 2004 com o título *A morte do mando e do controle*. Prenski diz:
>
>> Como devemos chamar esses "novos" estudantes de hoje? Alguns os denominam N-Gen, de geração em rede, ou D-Gen, de geração digital. Mas a designação mais útil que encontrei para eles é "nativos digitais". Nossos estudantes de hoje são todos "nativos" da língua digital de jogos de computador, vídeo e internet. E o restante de nós? Nós, os que nascemos no mundo digital, mas temos algum ponto de nossas vidas adaptado à maioria de aspectos da nova tecnologia, somos imigrantes digitais.
>
> PRENSKY, Marc. *Enseñar a nativos digitales*. Madrid: SM, 2012.

Para a mudança e a melhoria da profissão docente serão necessárias muitas coisas, mas, por último, gostaria de destacar o papel de protagonista que o professorado deveria assumir para estabelecer os caminhos que lhes permitam conquistar pouco a pouco as melhorias pedagógicas, trabalhistas e sociais, bem como iniciar e aprofundar o debate entre o próprio grupo profissional. Não há melhor grupo que aquele que reflete sobre si mesmo para melhorar. E o professorado é o protagonista da mudança. As reformas e as leis ajudam (ou não), mas se se deseja mudar a educação, o que deve mudar sempre é o docente.

CAPÍTULO 7
A formação que o professorado recebe na universidade

O título deste capítulo não deveria ser motivo de equívoco. Pretende efetuar uma análise sumária da relação entre dois conceitos: de um lado, a formação do professorado de qualquer etapa do ensino; de outro lado, a função que a universidade deve cumprir na formação e no desenvolvimento desse professorado. Refere-se, portanto, tanto à formação inicial como à formação permanente. A primeira reflexão que surge, obviamente, é que essa relação teria de ser muito mais estreita, deveria colocar mais ênfase no desenvolvimento profissional e, por sua importância, teria de ter mais relevância institucional. E, uma vez mais, o óbvio, o que indica o senso comum, não parece ser cumprido, uma vez que esta relação nem é tão estreita nem se produz uma transferência de "valor" entre uma estratégia voltada para o sistema educacional (a formação do professorado) e uma das instituições (a universidade) que deveria ser uma referência permanente. Mas isso é muito normal nas áreas da educação e na falta de reconhecimento sobre sua contribuição.

Apesar disso, a universidade intervém direta e indiretamente na formação do professorado de todas as etapas educacionais. Outra questão seria analisar como se materializa essa formação, ou os procedimentos que se adotam, ou seja, como se estruturam seus componentes (desde a análise de necessidades até a avaliação do impacto). Diremos algo a esse respeito, mas essa não é a finalidade deste capítulo. Vamos analisar, portanto, a relação entre a formação do professorado e a universidade em cada etapa educacional.

7.1 A universidade e a formação inicial do professorado nas etapas de educação infantil e primária. A estrutura

Na maior parte dos países europeus e em muitos latino-americanos, a partir da década de 1990, a formação inicial do professorado foi objeto de grandes debates e transformações, tanto no que diz respeito aos conteúdos dos planos de estudo quanto à estrutura, quer pela necessidade de adequar o sistema a uma educação econômica e trabalhista mutável, em relação à existente nos anos 1980, quer pela influência das mudanças socioculturais, tecnológicas e científicas. As reformas educacionais sempre implicam uma reproposição da formação do professorado; não é possível mudar a educação sem modificar as atitudes, a mentalidade, os contextos trabalhistas e a maneira de exercer a profissão de professor. E esse reenfoque só é possível a partir da formação inicial ou da formação permanente. Isso também aconteceu na Espanha, é claro. Nos últimos anos, no debate dos novos planos de estudo do magistério para se adequar ao novo espaço europeu[1], as universidades viram-se limitadas pelas diretrizes estatais (e pelas mudanças constantes de tais diretrizes) que obrigam a ministrar determinadas matérias em áreas específicas. Restringiu-se o grau de autonomia que era concedido a outros cursos. Aparece mais uma vez, assim, o controle social sobre os estudos do magistério.

A universidade tem mais incidência nas etapas de educação infantil e primária, já que, como em todos os países, corresponde a ela

---

1. O Espaço Europeu de Educação Superior é um plano implementado pelos países europeus para favorecer a convergência europeia no âmbito educacional. Disponível em: <http://www.eees.es>. Acesso em: set. 2015.

(ou a determinadas escolas de educação superior) a formação inicial de professores de educação infantil, primária e secundária. A partir da aplicação do Espaço Europeu de Educação Superior, a chamada Declaração de Bolonha (documento assinado em Bolonha em 19 de junho de 1999, que fundamentou essa unificação europeia dos estudos superiores)[2], os cursos destinados à formação de professores de educação infantil e primária têm a duração de quatro anos, o que aumentava em um ano a antiga licenciatura vigente desde 1970 (que tinha sete especialidades: Leitura e Linguagem, Educação Especial, Educação Física, Educação Infantil, Educação Musical, Educação Primária e Língua Estrangeira). Atualmente, o grau de professor primário conta com magistério em educação infantil ou magistério em educação primária, um modelo voltado exclusivamente para a docência, em que o professorado recebe o conteúdo das matérias e sua didática (de qualquer maneira, há acordo quanto à duração, mas não quanto à titulação, que varia segundo a universidade, uma vez que a Lei Orgânica da Educação — LOE, artigo 100.4 de 2006 — assinala que o título de professor de educação primária ou título de grau equivalente será adaptado ao sistema de graduações e pós-graduações do Espaço Europeu de Educação Superior). A última mudança recente é o Real Decreto n. 1.594/2011, de 4 de novembro de 2011, que estabelece novamente as especialidades docentes do corpo de professores (que aparecem como menções): Educação Infantil, Educação Primária, Língua Estrangeira: Inglês, Língua Estrangeira: Francês, Língua Estrangeira: Alemão, Educação Física; Música; Pedagogia Terapêutica, e Leitura e Linguagem.

Mas, voltando à duração, é certo que há o aumento de um ano letivo, embora, como sabemos, uma duração maior não garante nem mais prestígio nem mais qualidade no ensino; seja como for, contribui de algum modo para a melhoria do Magistério e sua equiparação universitária.

Na época, até a chegada do Espaço Europeu de Educação Superior, surgiram dois discursos contraditórios para rejeitar o aumento da duração da formação dos professores de ensino fundamental:

---

2. Disponível em: <http://www.eees.es/pdf/Bolonia_ES.pdf>. Acesso em: set. 2015.

- Um afirmava que a formação era curta, padronizada demais, muito diretivista e técnica, pouco flexível, e não era adequada à realidade educacional do século XXI, tão onipresente nos discursos políticos.

- E no outro os governantes de diversos países europeus se queixavam de que os candidatos a professores não reuniam as condições necessárias nem assumiam a responsabilidade que lhes cabia.

Paradoxalmente, em vez de estabelecer e impulsionar os critérios de melhoria dessa profissão, reduziam-na a uma profissão secundária ou subsidiária, inclusive em relação com outras profissões vinculadas ao âmbito social. Vamos esperar que esse ano a mais e a mudança curricular permitam ministrar uma formação na qual a reflexão e os processos de tomada de decisões estejam ligados à prática docente e não se mostrem apenas eminentemente teóricos.

O fato de os professores e professoras de educação infantil e primária fazerem cursos de graduação deveria significar um aumento do tempo de reflexão em uma carreira na qual este é bem escasso, em virtude de seu currículo extenso; tempo também para consolidar conhecimentos e para organizar nas escolas algumas práticas muito mais orientadas e elaboradas. E não podemos nos esquecer de um aspecto fundamental, a necessidade de deter desde o início um dos males que afligem a docência: a desprofissionalização e a atividade espontânea baseada em suas pré-concepções sobre a educação.

> Os relatórios disponíveis não mostram mudanças significativas no número total de horas de trabalho dos professores nos últimos anos. [...] Ao mesmo tempo, existe uma queda generalizada no âmbito do ensino e da aprendizagem. Os professores deixaram de se sentir respeitados e seguros em seu ambiente de trabalho. [Os] professores dos países-membros da OCDE informam que destinam grande parte de seu tempo ao planejamento do curso e à disciplina dos alunos, em vez de destiná-lo ao ensino. [Os] educadores dos países em desenvolvimento expressam sentimentos de isolamento profissional e falta de apoio [...], além de [...] crescentes níveis de insegurança [...].

> Tais condições de trabalho são pouco motivadoras e constituem uma das principais razões pelas quais tanto os docentes jovens como os mais experientes abandonam a profissão.
>
> A Comissão Mista estima que tais condições são alarmantes [...] [e levam] a uma desprofissionalização constante da docência.
>
> Comissão Mista OIT/UNESCO de especialistas. Relatório sobre "A aplicação das recomendações relativas ao pessoal docente". Paris, 28 de setembro-2 de outubro de 2009. Versão em espanhol disponível em: <http://unesdoc.unesco.org/images/0018/001869/186988s.pdf>. Acesso em: 18 set. 2015.

Desprofissionalização

7.2 A formação inicial do professorado e a universidade na etapa do ensino médio. Por fim, um mestrado

Durante décadas, a formação inicial do professorado de ensino médio foi o elo mais fraco, denotava uma grande negligência e uma falta de vontade dos governos para assumir uma profissão que está impregnada de valores morais e éticos, que se depara com um contexto e com alunos que vivem situações problemáticas muito distintas. Era preocupante que se mantivesse uma formação escassa enquanto aumentava o número de disciplinas na escola secundária e se observava uma crescente problemática social e educacional.

No caso da formação do professorado de ensino médio, a Espanha optou (como a maioria dos países europeus, e diferentemente de muitos países latino-americanos) por um modelo sucessivo ou consecutivo que supõe, em primeiro lugar, atingir um conhecimento disciplinar, obtido em uma licenciatura ou graduação na universidade, e, em segundo lugar, se acede a uma formação para a docência. Na lei geral de 1970, instaurou-se um curso, o tão famoso quanto depreciado CAP (Curso de Aptidão Pedagógica), que geralmente era ministrado nos institutos de ciências da educação das universidades. Tratava-se de um curso de curta duração, que só podia ser realizado após a conclusão da licenciatura. Em seus mais de 40 anos de existência, demonstrou sobejamente sua ineficácia (com honrosas exceções). Essa formação apresentou uma infinidade de problemas, quer pela falta de orçamento, pela massificação das aulas, por ser tão somente uma medida administrativa, quer porque os formadores contratados para ministrá-lo não estavam motivados ou se limitavam a transmitir uma perspectiva muito técnica da educação.

O CAP foi modificado pela LOCE, em 2003, com o título de Especialização Didática, depois pela LOE, em 2006, com a qualificação de pós-graduação. Em 2008, publicou-se o Real Decreto n. 1.834/2008, de 8 de novembro, baseado na LOE de 2006, que criou um mestrado universitário em Formação do Professorado de Educação Secundária Obrigatória e Bacharelado, Formação Profissional e Ensino de Idiomas, mestrado oficial de 60 créditos que deveriam ser realizados no mínimo em um curso acadêmico universitário. É o mestrado que se ministra atualmente e que poderíamos dizer que se encontra em período de testes. Vamos nos aprofundar um pouco mais em relação a esse ponto.

Como dizíamos anteriormente, na maioria dos países europeus a formação dos professores de ensino médio baseia-se predominantemente nos "conteúdos científicos", isto é, são licenciados em uma área do conhecimento e posteriormente têm acesso a uma formação em conhecimento psicopedagógico. Ao contrário, na maioria dos países latino-americanos a formação do professorado do ensino médio segue um modelo parecido com o que estabelecemos para a educação infantil e fundamental, e integra uma carreira que mescla os conteúdos acadêmicos e os psicopedagógicos.

Até meados do século XX, os professores de ensino médio não recebiam nenhuma formação em matérias psicopedagógicas. Saber era poder fazer, e com o saber científico se supunha que os professores já assumiam as competências para ensiná-lo (é uma ideia que ainda predomina em alguns grupos). Mais tarde, a maioria dos países europeus optou por uma formação "complementar", o modelo consecutivo ou sucessivo, sobretudo pelo avanço do conhecimento na psicologia da adolescência e pelo novo enfoque que a educação de crianças e adolescentes recebeu após a Segunda Guerra Mundial.

Exceções à parte, a formação do professorado de ensino médio caracteriza-se pelos "conteúdos científicos". São licenciados ou licenciados em uma área do conhecimento (que paradoxalmente com frequência não é a que ensinam) que, posteriormente, fazem um curto período de formação concentrado em conhecimentos psicopedagógicos (predominantemente técnicos). Se me permitem uma generalização, depois de sofrer uma formação psicopedagógica ruim, os professores de ensino médio não se consideram, a partir desse momento, professores de uma disciplina, como deveria ser, e sim licenciados que lecionam; e em sua metodologia predomina o que chamamos de pensamento espontâneo, baseado na maneira como eles foram ensinados.

Sabemos que dominar a disciplina é importante, mas não suficiente para ensinar. É óbvio que o professorado de ensino médio (e de todas as etapas) precisa dominar os "conteúdos", e por isso é lógico que se estabeleça um sistema que lhes permita estudar durante alguns anos as áreas de conhecimento, mas também é certo que precisam assimilar alguns conhecimentos psico-sócio-pedagógicos, que precisamente serão os mais necessários em sua etapa profissional. E esse conhecimento não se adquire em curto período de tempo, como se pretendia até agora.

Mas o verdadeiro problema está no fundo da questão. Independentemente de sua duração, será que conseguirá gerar uma nova formação inicial do professorado de ensino médio? A nova formação inicial girará sobre o eixo: a relação entre a teoria e prática educativa? Tememos que não seja assim, em virtude da configuração do currículo de formação. No entanto, não obstante as normativas e restrições, esperamos que o novo mestrado seja um sistema em espiral que tenha como eixo os temas psicopedagógicos, no qual os futuros professores e professoras de ensino médio recebam uma visão holística das matérias, tanto de conteúdo científico como psicopedagógico, e a partir do conhecimento e da reflexão da teoria e da prática docentes. Por enquanto, não parece ser esse o enfoque, mas se começa a vislumbrar um acúmulo curricular de didáticas específicas onde o aparato técnico é mais importante que o reflexivo e o prático. Seu início recente não permite fazer uma avaliação exaustiva e temos de esperar que, depois de concluir o mestrado, o novo professorado seja incorporado à prática do ensino médio.

7.3 A formação inicial do professorado e a universidade. A estrutura: de escolas universitárias a faculdades

Em primeiro lugar, temos de dizer que na Espanha não existe acordo sobre a denominação das instituições universitárias de formação docente. Algumas escolas se denominam faculdades de formação do professorado, denominação não muito difundida no âmbito universitário em comparação com as chamadas faculdades de educação, ciências da educação e outras. Convém lembrar que, antes de se converter em faculdades, todas as escolas que formavam professores eram escolas universitárias de formação do professorado, de modo que algumas universidades mantiveram essa denominação.

Contudo, independentemente do nome que recebam (ainda chama a atenção que tenha havido um acordo entre as universidades ou ao menos entre o professorado de magistério), todas formam professores de educação infantil e fundamental com pequenas modificações curriculares. E agora ministram também a formação do professorado de ensino médio com o mestrado de ensino secundário, que antes era de responsabilidade dos ICE das universidades.

Sem entrar na análise histórica das escolas normais como estudos secundários ou terciários não universitários, e universitários a partir de 1970, convém reconhecer que houve um avanço bastante considerável quando os estudos de magistério foram transformados em graduação e passaram a ser ministrados em faculdades. Custou muita tinta, muitos debates e um esforço considerável, mas no final se conseguiu. Uma primeira vitória foi a possibilidade de se transformar em faculdades com um texto legal ambíguo da LOGSE de 1990, cujo artigo adicional 12.3 dizia:

> As administrações educacionais, no âmbito das disposições da Lei Orgânica n. 11/1983, de 25 de agosto, de Reforma Universitária, promoverão a criação de escolas superiores de formação do professorado nos quais se ministrem os estudos para a obtenção dos diferentes títulos profissionais estabelecidos em relação com as atividades educacionais, bem como as atuações de formação permanente do professorado que sejam determinadas. Além disso, essas escolas poderão organizar os estudos correspondentes àquelas novas titulações de caráter pedagógico que o desenvolvimento da presente lei aconselhar a criar.

Foi o início, e a criação de faculdades ou escolas superiores foi sendo ampliada. Não foi fácil. Predominava (e temo que ainda seja assim) a mentalidade de que a educação das crianças mais novas exige menor formação. A ignorância sobre os avanços das ciências da educação em relação à importância da educação das crianças mais novas faz com que os países a regulem com critérios obsoletos e que subestimem a formação desses profissionais.

Mas mudar o nome não é suficiente, não tem um efeito milagroso. Atualmente, a formação inicial do professorado de educação fundamental, infantil e secundária precisa assumir novos desafios. As instituições de formação do professorado das universidades devem se comprometer a assumir um papel decisivo na promoção e no desenvolvimento da profissão docente para além de sua simples denominação. Deve-se superar (e lutar contra) a subordinação à produção do conhecimento, a desconfiança de que o professorado não seja capaz de gerar conhecimento pedagógico, a separação entre teoria e prática, o isolamento profissional, a marginalização dos problemas morais, éticos, sociais e políticos da educação etc. Isso implica melhorar o trabalho organizacional, a comunicação, a tomada de decisões, a reflexão sobre a metodologia e a avaliação. Significa conservar também a histórica interdisciplinaridade no trabalho, mesmo que seja através do intercâmbio informal, e aumentar a relação com as instituições educacionais; ou seja, o compromisso com o próprio contexto social e educacional.

7.4 A universidade e a formação permanente do professorado de níveis não universitários

A universidade sempre teve muita importância na formação permanente dos níveis não universitários. Antes de 1984, a formação permanente do professorado estava quase exclusivamente a cargo das universidades. O Decreto de 14 de novembro de 1984 criou as escolas de professores e revogou a criação dos Círculos de Estudo e Intercâmbio para a Renovação Educacional (CEIRES, 1983). Mas também eliminou as competências em formação permanente do professorado das universidades, "sob a coordenação superior do Instituto Nacional de Ciências da Educação, de oferecer os meios que possibilitam um permanente aperfeiçoamento do professorado de todos os níveis educacionais".

O preâmbulo do decreto de 1984, de criação das escolas de professores, insinuava que as universidades não tinham sido sensíveis às inquietações da formação docente. E no mesmo preâmbulo caracterizava as universidades da seguinte maneira:

> Adicionalmente, a progressiva assunção por parte das universidades da autonomia que a Constituição espanhola lhes reconhece, no quadro desenhado pela Lei de Reforma Universitária, obriga a que a valiosa contribuição que estas podem prestar para o aperfeiçoamento do professorado de ensino não universitário se expresse através de convênios de colaboração entre elas ou seus departamentos e o Governo, enriquecendo as funções que o presente decreto real atribui às escolas de professores.

No artigo 10.2 dizia expressamente:

> Para o desenvolvimento das funções próprias das escolas de professores, o Ministério da Educação e Ciência poderá estabelecer convênios com as universidades ou com seus departamentos, de acordo com o dispos-

to no artigo 11 da Lei Orgânica n. 11/1983, de 25 de agosto, de Reforma Universitária, tudo isso sem prejuízo da colaboração que, a título individual, os professores universitários possam prestar, de acordo com a legislação vigente.

Terminava assim a função institucional da universidade na formação permanente do professorado não universitário. E assim continuou durante quase trinta anos, exceto na Catalunha, que não criou as escolas de professores, e sim uma instituição menor, as escolas de recursos, mas deixou a formação a cargo do Governo e dos ICE das universidades, embora nos últimos anos as escolas de recursos tenham assumido mais protagonismo em detrimento das universidades.

O modelo mudou em 1984. Foi um ponto de inflexão para a formação permanente (embora agora esteja sendo desmantelado em algumas comunidades autônomas, nas quais se retorna a modelos anteriores, "modernizando-se de forma conservadora")[3]. Situar a formação permanente do professorado não universitário nas universidades é um modelo mais centrado no conhecimento ou, se se preferir, mais baseado na validade do conhecimento especializado, ao passo que o modelo das escolas de professores é um modelo mais centrado na formação entre iguais e em modelos mais colaborativos. Durante anos, imperou o segundo, com grande participação do professorado. Precisamos ver o que nos reservará o futuro, uma vez que as políticas neoliberais e conservadoras não estão interessadas em manter o modelo de formação entre iguais, mas pretendem voltar a modelos mais de especialistas ou de formação a distância.

Seja como for, as universidades participam nos processos de formação permanente de professorado não universitário através de cursos de pós-graduação, de extensão, doutorados etc.[4] É uma função que

---

3. Sobre essa temática, ver APPLE, M. W. *Educar "como dios manda"*: mercados, niveles, religión y desigualdad. Barcelona: Paidós, 2002.

4. Cf. Comissão de Formação Contínua do Conselho de Universidades. *La formación permanente y las universidades españolas*. Madrid, jun. 2010. Disponível em: <http://www.um.es/estudiospropios/documentos/2010-formacion-permanente-universidades-espanolas.pdf>. Acesso em: 15 set. 2015.

sempre exercerão. É claro, muitos dos palestrantes, conferencistas, ministrantes de cursos ou de seminários, assim como assessores, também são professores que trabalham na universidade. Embora indireta, essa também é uma forma de estar presentes. Uma das diferenças com a situação de 30 anos atrás é que a universidade se aproximou muito dos professores do professorado de outros níveis educacionais e das escolas. E, através de uma infinidade de canais (a formação, os debates, as jornadas, a pesquisa, os congressos etc.), se imbricaram mais, o que beneficiou tanto o professorado universitário como o não universitário.

7.5 A formação do professorado universitário na universidade. Uma utopia?

Nas últimas décadas há uma preocupação maior com a formação dos professores universitários. Começamos a ver textos sobre a temática e propostas de formação, e isso se reflete nas políticas institucionais, nas pesquisas e nas publicações. Estão sendo realizados muitos programas de formação, alguns seguindo uma pauta mais ou menos tradicional, e outros com novas propostas e reflexões sobre o tema, que podem ajudar a construir um futuro melhor se consideramos que a formação contribui para a inovação e a mudança do professorado e não apenas para o acúmulo de títulos acadêmicos.

Se a década de 1980 foi a década da formação do professorado não universitário, a década de 2000 pode ser a década da formação dos professores universitários, ou pelo menos ter maior preocupação com ela.

A criação de unidades, serviços, vice-reitorias etc. de formação do professorado e inovação docente é hoje habitual nas universidades. Em algumas, os antigos institutos de ciências da educação, criados na lei de 1970, se não desapareceram, foram transformados em unidades subordinadas a vice-reitorias de inovação, de qualidade ou similares, com funções de formação pedagógica do professorado universitário.

O importante é que começaram a se preocupar com a formação de seus docentes. Apesar de o acesso à docência universitária não exigir uma formação pedagógica (é a única etapa na qual isso acontece), na maioria das universidades está sendo realizado um esforço em formação para melhorar a docência universitária, embora não se possa afirmar que seja por competitividade, pelo Espaço Europeu ou pela reivindicação dos alunos. Seja qual for o motivo, porém, que seja bem-vinda a formação pedagógica e didática dos docentes universitários.

Em muitas universidades se realiza a formação de professores recém-formados (normalmente com menos de cinco anos de docência) que, apesar de ser uma formação permanente (são professores na ativa), leva mais em conta a iniciação, o incentivo à docência ou a formação inicial. Em algumas outras, assumiu a forma de pós-graduação. Levando em conta que serão os professores e professoras do futuro, não é preciso acrescentar nada sobre sua extrema importância.

Também se realiza uma infinidade de cursos de formação permanente do professorado experiente, tanto de maneira presencial como a distância, e até existem mestrados ou pós-graduações de educação superior para os professores interessados em aprofundar temas de inovação docente, gestão ou avaliação na universidade.

Uma das poucas objeções que caberia fazer é que boa parte dessa formação destinada aos docentes universitários são cursos, e a maioria de curta duração. É um aspecto que deveria ser revisto. Talvez seja necessária uma análise profunda das políticas de formação do professorado universitário, já que a formação não deve se limitar a um acúmulo de cursos nem ser planejada como um remédio capaz de resolver todos os nossos males. A formação deveria se aproximar dos contextos de trabalho de grupos, departamentos e faculdades e tem de ajudar a sacudir o senso comum pedagógico, tão habitual na universidade. Não se consegue isso com cursos padronizados de receitas mágicas. No entanto, isso não invalida a crescente preocupação com a formação docente na universidade, e podemos dizer que finalmente alguma coisa está mudando.

CAPÍTULO 8

Qual formação permanente para o professorado?

Como dissemos nos capítulos anteriores, a década dos anos 1980 — e em alguns países nos anos 1990 — significou um ponto de inflexão na formação permanente de professorado, uma mudança na maneira de ver essa formação.

Na Espanha, regulamentaram-se as escolas de professores (Decreto n. 2.112/1984, de 14 de novembro — BOE 24-XI-84).[1] A partir desse momento, o modelo de formação permanente teve uma mudança radical. Deixou de ser organizada basicamente pelos institutos de ciências da educação das universidades (criados em 1969 pelo Decreto n. 1.678/1969, de 24 de julho, sobre criação dos institutos de ciências da educação) e passou a se territorializar; e seu planejamento e gestão ficaram a cargo de professores e professoras provenientes das escolas e institutos, os chamados assessores e assessoras pedagógicos (figuras criadas para responder às necessidades de formação que as novas escolas de professores deviam detectar e atender).

Assim, o sistema não apenas se descentralizou rapidamente, chegando a lugares que nunca haviam tido uma formação *ad hoc*, mas

---

1. Texto completo do decreto disponível em: <http://www.boe.es/aeboe/consultas/bases_datos/doc.php?id=BOE-A-1984-25938>. Acesso em: 13 out. 2015.

em poucos anos estabeleceu um modelo de formação que, entre outras coisas, gerou determinado procedimento, que se refletia na estrutura dos planos de formação e nos quadros de inscrição em cursos, seminários e formação em escolas, dando prioridade, ao menos teórica, à mudança institucional e à formação baseada na prática profissional; começou-se a falar então do professor pesquisador e da pesquisa-ação, e em alguns territórios fizeram-se concursos de pesquisa nas escolas, dando importância à formação nas escolas a partir da prática, por exemplo. Durante mais ou menos dez anos avançou-se muito e deu-se uma guinada considerável na formação permanente do professorado.[2]

É verdade que, como todo modelo que reúne tantos componentes complexos, teve seus altos e baixos; virtudes e defeitos que levaram a formular diversas críticas à seleção de assessores, à eleição de diretores de CEP [Centro de Educação Infantil e Primária], ao excesso de cursos padronizados, a um planejamento muito centrado nas diretrizes do ministério, em seguidismo da reforma ministerial daquele momento etc. A literatura pedagógica da época, através de monografias, avaliações, artigos, experiências, reflete as propostas sobre a formação permanente de professores e o novo modelo que vinha sendo implantado com diversos nomes em todo o Estado.

> Se analisamos as diretrizes oficiais sobre a criação das escolas de professores, a maioria coincide em que são instituições formativas para gerir as atividades de formação permanente e de renovação pedagógica do professorado através de uma maior proximidade de situações educacionais que se verificam nas instituições escolares e das necessidades formativas dos docentes de cada território para possibilitar a participação deles em sua própria formação.

---

[2]. Atualmente, com a tendência neoconservadora predominante em muitas comunidades autônomas espanholas, o modelo está sendo questionado e escolas de professores estão sendo eliminadas.

8.1 O que aprendemos e o que temos de desaprender?

Até a década de 1980, havíamos avançado muito pouco (exceto períodos e alguns casos isolados). O modelo individual e o de treinamento de formação eram usuais na formação permanente do professorado (e isso foi amplamente criticado quando foram criadas as escolas de professores). Por sua própria formação e pela pouca repercussão na inovação das escolas e do professorado, os professores pressentiam que esse modelo não funcionava bem, que era excessivamente padronizado, centralizado e baseado nas teorias de especialistas mais aptos a recomendar leituras e a explicar transparências (ainda não havia Power Point ou programas similares, mas o modelo continuou com apresentações quando se atualizou) que em um conhecimento real da prática da educação (poderíamos chamá-los de divulgadores conjunturais dos grandes tópicos da profissão ou dos modismos imperantes).

Modelo de formação permanente baseado no treinamento docente	Modelo individual de formação permanente
Muitos professores estão acostumados a fazer cursos e a participar de seminários nos quais o ministrante é o especialista que define o conteúdo e o desenvolvimento das atividades. Em um curso ou em uma sessão de "treinamento", os objetivos e os resultados que se espera adquirir estão claramente especificados e costumam ser apresentados em termos de conhecimentos ou de desenvolvimento de habilidades. Também se espera que, como resultado, se produzam mudanças nas atitudes e que estas sejam transferidas para a sala de aula. Neste modelo, o formador seleciona as atividades que supostamente irão ajudar os docentes a alcançar os resultados esperados.	Este modelo se caracteriza por ser um processo no qual os próprios professores e professoras planejam e realizam as atividades de formação que acreditam poder facilitar sua própria aprendizagem. Os professores aprendem muitas coisas por si mesmos, por meio da leitura, da conversa com os colegas, da experimentação de novas estratégias de ensino, do confronto reflexivo com sua própria prática diária, da própria experiência pessoal... Em todas essas situações, os docentes aprendem sem a presença de um programa formal e organizado de formação permanente.

Graças ao novo modelo aplicado em 1984, fomos aprendendo e desaprendendo, com erros e acertos, com dúvidas e com excessiva confiança, com intuições e com contribuições teóricas (talvez excessivamente anglo-saxãs, mas não tínhamos nada mais novo ao alcance). E o que aprendemos naquela época foi sendo repetido à saciedade. O sistema de orientação (a maneira de ver a formação e seus princípios fundamentais) do modelo de formação permanente criado em 1984 ainda continua bom; ou melhor, não era de todo ruim (escolas de professores onde havia espaços de trabalho, formação baseada na prática, assessores e assessoras de processo com maior ou menor acerto, descentralização, formação na escola etc.), embora não se possa dizer o mesmo de algumas das políticas educacionais que o aplicaram. Essas políticas e o modelo de formação permanente necessitam de uma revisão tranquila e profunda para recompor o que não funcionou e reestruturar o que funcionou, de acordo com os novos tempos; não precisam ser eliminados, e sim transformados. Embora seja mais fácil não fazer isso e eliminá-los para voltar a modelos obsoletos de formação, acrescentando formação virtual.

Nossos acertos e nossos erros nos permitiram chegar onde estamos hoje. Se analisamos as experiências dos últimos vinte anos, podemos nos arriscar a dizer que a maioria dos que se dedicam, pensam, trabalham, aproveitam e sofrem a formação permanente, ao ver o professorado como um sujeito ativo e protagonista de sua formação, coincidem em alguns pontos. Vejamos quais são eles.

Uma constatação que já comentamos no capítulo anterior é que a mudança no professorado não é uma mudança simples (ainda que possa ser necessária alguma simplificação, mesmo que relativa), pois se trata de uma mudança na cultura profissional, que comporta um processo complexo.

Para mudar uma cultura tão arraigada na profissionalização docente, aprendemos que se requer tempo (o curto prazo não é válido) e uma base sólida (a total incerteza é má conselheira); que esse processo tem altos e baixos (não é linear e uniforme) e deve se adaptar à realidade do professorado (contextos, etapas, níveis, disciplinas etc.).

Além disso, exige um período experiencial de apropriação e a integração das próprias vivências pessoais.

Tradicionalmente, a formação permanente constituía um momento de "culturalização" do professorado (pedagógica, didática, disciplinar...). Supunha-se que, atualizando seus conhecimentos científicos e didáticos, o docente transformaria sua prática e, como num passe de mágica e milagrosamente, se converteria em um inovador que promoveria novos projetos. A padronização, o predomínio da teoria, a descontextualização, a realidade social atual e outros fatores que poderíamos acrescentar impediam e impedem esse processo. Surgem professores e professoras cultas no sentido de que sem dúvida sabem mais, porém não são necessariamente inovadores. Agora começamos a vislumbrar que a formação permanente aumenta seu impacto inovador se a relação se efetua ao contrário: não formando para depois desenvolver um projeto de mudança, mas criando um projeto inovador. E para levá-lo a termo é preciso receber ou compartilhar a formação necessária.

Esta simples inversão tem consequências importantes no modelo de formação e em seu processo de aplicação nas instituições educacionais. Parte da premissa de que, para mudar a educação, é preciso mudar o professorado, e que a formação é uma boa ferramenta, mas não a única nem apenas ela, mas deve ser acompanhada da mudança no ambiente onde esse professorado realiza seu trabalho docente. A consequência de tudo isso são a formação no território, a descentralização, as mudanças organizativas nas escolas de formação, o clima de trabalho, os processos de tomada de decisões, as relações de poder nas escolas, o fato de se partir das necessidades reais dos docentes, os projetos de formação coletiva nas escolas, as redes de inovação ou de intercâmbio... Tudo isso são os pilares de um modelo de formação centrado no professorado por meio de projetos ou da pesquisa reflexiva, partindo de suas situações problemáticas contextuais. A formação deve levar em conta que, mais que atualizar um professor ou uma professora e ensiná-los, precisa criar as condições, planejar e propiciar ambientes para que ele ou ela aprendam.

Modelo de formação permanente por projetos de inovação	Modelo de formação permanente pela pesquisa reflexiva
Este modelo ocorre quando o professorado está envolvido em tarefas de projetos de inovação com a finalidade de melhoria da escola e, com tudo isso, procura resolver problemas gerais ou específicos relacionados com o ensino do instituto educacional. Às vezes, o próprio processo de levar a termo um desses projetos já produz uma aprendizagem que é difícil prever com antecedência. Este modelo de formação supõe, portanto, uma combinação de formas e estratégias de aprendizagem que se desenvolvem com a participação dos docentes em tal processo. Parte da ideia de que as pessoas que estão próximas de seu trabalho têm uma melhor compreensão do que se requer para melhorá-lo. Se se concede essa possibilidade aos professores, eles podem desenvolver propostas que melhorem as escolas e o ensino.	Este modelo exige que o professorado identifique uma área de interesse, colete informações e, baseando-se na interpretação desses dados, realize as mudanças necessárias no ensino. A fundamentação desse modelo encontra-se na capacidade do professorado de formular questões válidas sobre sua própria prática e de estabelecer objetivos que tratem de responder a tais questões. O professorado precisa procurar dados para responder a questões relevantes e refletir sobre esses dados para obter respostas para os problemas do ensino. O professorado desenvolve novas formas de compreensão quando ele mesmo contribui para formular suas próprias perguntas e recolhe seus próprios dados para responder a elas.

8.2 Que caminho poderíamos seguir a partir de agora?

Atualmente se programa e se ministra muita formação, mas ainda continua em vigor uma formação transmissora, com a supremacia de uma teoria descontextualizada, distanciada dos problemas práticos, baseada em um professorado médio que não existe. Mas a solução não está unicamente em aproximar a formação do contexto, das escolas, mas em gerar, além disso, novos processos na teoria e na prática da formação, introduzindo-nos em novas perspectivas e metodologias, porque a tendência neoconservadora é reduzir as escolas de professores. Lógico e coerente. As políticas neoconservadoras não confiam no professorado e as escolas de professores partem da base da formação entre iguais e da capacidade dos docentes de realizar mudanças com os colegas. As políticas neoconservadoras pensam que o conhecimento especializado está fora das escolas e que é ali que deve ser buscado. Portanto, com base nessa ideia, basta um passo para eliminar escolas de professores e transferir a formação para especialistas, universidades e, sobretudo, consultorias.

No entanto, acumulamos muita experiência e conhecimento durante muitos anos e o que sabemos nos permitiria criar novos planos de formação adequados às diversas realidades das etapas educativas e gerar novas alternativas de futuro (não de reforma educacional pontual, mas de reforma permanente da educação), ao menos para imaginar um possível futuro e uma desejável nova formação permanente do professorado. Outra coisa é que o momento político ou as políticas educacionais sejam tão míopes e ignorantes que não desejem essa mudança, quer por motivos econômicos, sociais e ideológicos, quer por verdadeira ignorância ou maldade para eliminar o que outros fizeram.

Em contraposição às teorias vigentes sobre os especialistas, minha opinião é que a nova formação não apenas deveria partir do ponto de vista dos especialistas, mas da grande contribuição da reflexão prático teórica que o professorado realiza sobre sua própria prática. Vamos nos aprofundar um pouco mais. Quem melhor pode fazer uma análise da realidade — a compreensão, a interpretação e a intervenção sobre ela — além do próprio professorado? Não duvido — e estou convencido disso — de que a escola deve ser o foco da formação permanente, e o professorado, o sujeito ativo e protagonista de tal formação.

A formação deveria promover a troca de experiências entre iguais e para além da formação em tímidos cursos sobre didáticas (cada vez mais virtuais), sobre temas diversificados. Trata-se de gerar verdadeiros projetos de intervenção nos contextos e por isso precisamos de instituições de formação próximas do professorado. Mas a experiência nos demonstrou que essas instituições (as chamadas genericamente escolas de professores ou similares) deveriam reunir todos os serviços educacionais do território para estabelecer uma coerência nas políticas do professorado e poder oferecer ajuda e acompanhamento para a formação mediante assessores formados especificamente como assessores de processo, colegas acompanhantes ou amigos críticos. Seria uma escola integral do professorado onde houvesse coerência e não sobreposição das funções entre serviços que ocasionam muito cansaço às escolas.

Para concluir, digamos que a formação permanente deveria apoiar-se, criar cenários e incentivar uma reflexão real dos sujeitos sobre sua prática docente nas escolas e nos territórios, de modo que lhes permitisse examinar suas teorias implícitas, seus esquemas de funcionamento, suas atitudes etc., promovendo um processo constante de autoavaliação do que se faz e analisando por que se faz.[3] A orientação da formação (e seus pressupostos políticos) para esse processo de reflexão exige uma proposição crítica da organização e da metodologia da formação permanente do professorado, já que deve ajudar os sujeitos a rever os pressupostos ideológicos e atitudinais que estão na base de sua prática. Isso supõe que a formação permanente deve estender-se ao terreno das capacidades, habilidades, emoções e atitudes, e questionar permanentemente os valores e as concepções de cada professor e professora e da equipe coletivamente. Ou seja, precisa pôr sobre a mesa o que faz em sala de aula e na escola, o que implica não apenas mudar a localização, mas também a metodologia da formação permanente. É o que veremos no próximo capítulo.

---

3. Cf. GIMENO, J. *El currículum*: una reflexión sobre la práctica. Madrid: Morata, 1991.

CAPÍTULO 9

A formação a partir de dentro. O que é a formação em escolas e não nas escolas?

Ao longo deste livro, falamos sobre a formação a partir de dentro. Mas o que é a formação a partir de dentro? Chamo de formação a partir de dentro (na instituição educacional e para ela) aquela que se denominou, com o passar do tempo, formação em escolas ou centrada na instituição educacional. Portanto, neste capítulo utilizaremos esses termos como sinônimos.

A formação centrada na instituição educacional tem suas origens remotas no movimento que se denomina desenvolvimento curricular baseado na escola; revisão baseada na escola; desenvolvimento curricular baseado na escola; nas teorias de desenvolvimento organizacional e na prática dos movimentos sociais.

Ao final da Segunda Guerra Mundial desenvolveu-se um conjunto de técnicas de intervenção institucional no momento de analisar uma organização (como é uma instituição educacional) com a intenção de desenvolvê-la e superar a soma de individualismos (o que se faz nas escolas para evitar mais guerras?). Ao longo do tempo, recorreu-se a outras denominações para designar essa modalidade de formação nos institutos educacionais; entre outras, encontramos: revisão baseada na instituição educacional, sistema de apoio profissional mútuo, autoavaliação institucional, formação baseada na prática profissional ou no posto de trabalho etc.

A formação centrada na instituição educacional surge como formação institucionalizada no Reino Unido em meados da década de 1970, através do Advisory Council for the Supply and Training of Teachers (ACSTT), que, independentemente de suas origens, nasceu no âmbito de algumas recomendações políticas relacionadas com a distribuição dos escassos recursos educacionais para a formação permanente do professorado (Elliott, 1990).

Ingressou com força na Espanha a partir dos anos 1990 e a maioria dos governos encomendaram projetos de formação em escolas (sua introdução coincidiu com a expansão das escolas de professores). Atualmente, como todas as modalidades de formação, está em perigo pelo avanço do neoconservadorismo e pelas políticas de cortes na educação.

Exemplo de parte de uma convocação oficial de uma administração autonômica

Esta modalidade de formação tem um caráter coletivo que se dirige, por conseguinte, a uma faculdade ou grupo de professores/as. Basicamente, os objetivos que esta modalidade busca são:

1. Criar e estruturar um âmbito comum de trabalho na equipe educacional da escola.
2. Debater assuntos concretos de ação educativa.
3. Desenvolver o trabalho em equipe e aumentar o nível de cooperação entre o professorado da escola.
4. Promover acordos que melhorem a ação educativa da escola e deem coerência à prática docente.

Na última ordem que regula a convocação indica-se que os projetos de formação em escolas são um instrumento para atender às necessidades de formação de uma equipe ou grupo de professores que realizam a docência em uma instituição educacional para melhorar a qualidade do ensino tanto em relação com a atuação em sala de aula como na gestão e coordenação pedagógica da instituição docente. As propostas de formação, elaboradas por iniciativa da equipe docente, se explicitarão em um projeto comum que terá de ser aceito pela faculdade e aprovado pelo conselho escolar.

Em termos gerais, a formação em escolas é um tipo de modalidade formativa que se oferece a uma equipe docente de uma instituição educacional. Ou seja, é uma formação a partir de dentro da escola para a mudança da instituição; não é unicamente uma mudança de localização, já que se faz na escola. Essa modalidade de formação favorece a participação das equipes docentes, de maneira que as atividades repercutam na prática educativa de uma escola.

Nós a denominamos formação em escolas para diferenciá-la da formação na escola, onde a formação apenas teria uma localização espacial diferente: na escola e não fora dela. Mas o conceito de formação em escolas pretende ser uma modalidade formativa onde a repercussão da mudança é individual e, sobretudo, tem uma finalidade coletiva.

Se analisamos os princípios em que se baseia a formação em escolas, encontramos quatro ideias fundamentais:

- A formação centrada na instituição educacional compreende todas as estratégias que os formadores e o professorado empregam para dirigir os programas de formação, de maneira que respondam às necessidades definidas da instituição educacional. As necessidades de formação são estabelecidas pelos professores. Eles levam em conta a análise da experiência cotidiana do professorado em seu ambiente de trabalho habitual e nas circunstâncias em que este se desenvolve. A reflexão sobre a prática permite que expressem seus sucessos, problemas e dificuldades na tarefa que desempenham. Parte das necessidades sentidas e dos problemas dos docentes.

- É uma atuação que se dirige à instituição educacional como unidade. A escola se converte na unidade básica de mudança e inovação. Isso significa que os professores aos quais se dirige a proposta formativa é toda a equipe docente, que deve realizar seu trabalho em conjunto em virtude das decisões que devem tomar colaborativamente. No entanto, por "equipe docente" não se deve entender a totalidade da faculdade; os departamentos, seminários, ciclos ou qualquer outra estrutura organizacional da escola também configuram equipes docentes; e qualquer um deles pode ser sujeito de um projeto de formação. Os professores participam da formação não apenas como indivíduos, mas como membros de um grupo.

- A formação pretende gerar dinâmicas que repercutam diretamente na instituição, favorecendo o desenvolvimento de equipes docentes em determinado contexto. Também pode ser considerada uma formação em escolas quando se realiza em diversas instituições de um ambiente próximo com situações problemáticas semelhantes.
- Os professores participam de todo o processo de gestão e planejamento da formação, desde seu planejamento até sua avaliação, que parte do respeito e do reconhecimento do poder e da capacidade do professorado de criar, gerenciar e avaliar a formação.

Se a escola conta com uma assessoria externa, esta ajudará na elaboração do projeto, na prática, como apoio à realização do diagnóstico das necessidades formativas e sua prioridade, promovendo processos de pesquisa participativa e acompanhando o desenvolvimento.

A formação em escolas se concretiza na elaboração de um projeto. Projetos que sejam capazes de gerar uma nova cultura da organização e de fundir a perspectiva interna dos que estão dentro das instituições educacionais com as perspectivas externas do pessoal de apoio em uma verdadeira visão de colaboração, já que se baseia no modelo de formação de desenvolvimento e melhoria do ensino que explicitamos em seguida.

A fundamentação do modelo está na concepção de que os adultos aprendem de maneira mais eficaz quando têm necessidade de conhecer algo concreto ou precisam resolver um problema. Isso faz com que, em cada situação, a aprendizagem dos professores se oriente pela necessidade de dar resposta a determinados problemas. Também parte do fato de que as pessoas que estão próximas de seu trabalho têm uma melhor compreensão do que se requer para melhorá-lo. Se os professores tiverem a possibilidade, podem desenvolver propostas que melhorem as instituições educacionais e o ensino. Isso implica outra concepção: os docentes adquirem conhecimentos e estratégias através de sua participação na melhoria da qualidade da instituição educacional ou no processo de desenvolvimento do currículo. Esse envolvimento supõe a aquisição da consciência das posições de outros membros da instituição educacional.

Os passos que podem ser percorridos seguindo este modelo seriam os seguintes:

- Começa-se com a identificação de um problema ou de uma necessidade por parte de um grupo de professores ou professoras.
- Depois de identificar a necessidade, propõe-se dar uma resposta a ela. Esta fase pode durar algumas sessões e exige que o grupo promotor realize consultas com todo o grupo de professores ou com a equipe que participa e que se reveja a informação existente em torno do tema que se deseja abordar.
- A partir desse momento, o plano de formação é iniciado ou se adota a inovação na escola. Esse processo pode necessitar de alguns dias, meses, e até anos.
- Como última etapa, avalia-se se o esforço realizado obteve os resultados esperados. Se o professorado não estiver satisfeito com os resultados obtidos, volta-se à fase inicial (aquisição de conhecimento ou de habilidades) e repete-se o processo.

Em resumo, inicialmente se realiza um período de adaptação do grupo ao sistema de trabalho que o plano exige: diversas expectativas, códigos de comunicação, ritmos de trabalho... provocam distorções que devem ser ajustadas pouco a pouco.

O período seguinte costuma ser frutífero no desenvolvimento das tarefas previstas; geralmente, faz-se uma revisão teórica e a análise da prática no tema que é objeto de estudo. Este trabalho permite a elaboração de algumas conclusões iniciais, que podem ou não ser colocadas em prática, e passar por um período de experimentação e comparação.

O período final permite a retomada de materiais utilizados ou criados pelo grupo e a elaboração de conclusões finais.

9.1 A escola como agente de formação e de mudança

Há anos se questiona na formação do professorado a rigidez do enfoque formal organizativo das instituições educacionais do ponto de vista de suas estruturas e de suas necessidades prescritivas passíveis de ser generalizadas para todas as escolas. É uma concepção extraída do mundo empresarial-produtivo e aplicada à instituição educacional como organização. Este enfoque "racional-instrumental" começa a perder sua força no momento de organizar e conhecer em profundidade o que acontece nas instituições educacionais, devido principalmente ao fato de se conceber a escola sob uma perspectiva formalista, estática e funcionalista, sem chegar a penetrar as estruturas e dinâmicas reais das pessoas e suas relações.

A nova análise da formação em escolas deveria ser realizada sob um enfoque mais fenomenológico e crítico com base no qual a instituição educacional como organização apresenta alguns aspectos contextuais e multidimensionais: se estabelecem relações interpessoais entre os membros da comunidade educativa; se verificam crenças, pressupostos; se geram processos organizativos e processos de construção social e de interação constantes; também se estabelecem componentes e valores políticos. Além disso, não existem objetivos claros, mas é preciso fazer frente a uma grande ambiguidade de metas. Na maioria das escolas, a estrutura organizacional nem sempre é estável e sólida, mas se apresenta como uma união frágil e, sobretudo, que deve ser analisada no contexto de sua cultura organizativa e profissional.

A formação em escolas permite e facilita essa análise complexa, como toda atividade humana. Em minha opinião, a necessária participação do professorado em todo o processo e o exercício da autonomia são o núcleo fundamental da formação nas escolas.

Mas chegar a isso supõe a superação de muitas dificuldades. Deve-se assumir uma nova cultura profissional. Atualmente, na maioria das escolas se percebe uma série de elementos que perturbam o funcionamento e a atividade normal e exigem um processo de melhoria da instituição. Alguns desses problemas são os seguintes:

- o funcionamento individualista (os membros da faculdade assumem condutas e hábitos de trabalho nos quais sobressaem o individualismo, a autonomia individual exagerada, a privacidade e o isolamento);
- a tendência à burocratização (presta-se mais atenção aos formalismos e simbolismos nas instituições educacionais e às normas da administração que aos processos reais de ensino--aprendizagem);
- a falta de tolerância profissional e a balcanização[1] da equipe de professores e professoras.

São problemas graves que devem ser analisados e revistos, e a formação deveria providenciar recursos para que o professorado pudesse transpor os obstáculos que os impede de chegar a ser uma comunidade de prática formativa baseada nas necessidades de suas situações problemáticas educacionais.

Talvez para certos governos, forçados por diversos imperativos, a formação em escolas se tenha convertido em um modismo que, ao defender princípios democráticos e coletivos, se deve "lançar ao mercado" da formação. Isso significa estabelecer o mesmo mecanismo de controle e desconfiança em relação ao professorado, mesmo aproximando a formação da escola como espaço físico.

Será do próprio grupo de professores, de todos os níveis e em todas as formas de agrupamento, que teremos de reivindicar uma formação no interior das escolas como mudança institucional e cultu-

---

1. Conceito desenvolvido por Hargreaves (1996) sobre o trabalho docente; este acontece em pequenos grupos isolados e muitas vezes em conflito uns com os outros por pequenas coisas.

ral das práticas educativas. Surge assim uma importante tendência que deveríamos seguir em benefício das ideias democráticas, do trabalho educacional e da transformação da educação.

9.2 Condições e elementos práticos da formação em escolas

A formação centrada na instituição educacional não é apenas uma estratégia de formação como conjunto de técnicas e procedimentos, mas tem uma carga ideológica, de valores, de atitudes, de crenças. Não é, portanto, uma simples transferência física, nem tampouco um novo agrupamento de professores para formá-los, mas um novo enfoque para redefinir os conteúdos, as estratégias, a instituição, os protagonistas e os propósitos da formação.

A necessidade de apostar em novos valores. Diante da dependência e da independência, propõe-se a autonomia e a interdependência; diante da defesa profissional, a abertura profissional; diante da atomização e do isolamento, a comunicação; diante da privacidade do ato educativo, propor a publicidade deste; diante do individualismo, a colaboração; diante da direção externa, a autorregulação e crítica colaborativa.

Muitas vezes se confunde individualismo com individualidade, mas são conceitos muito diferentes, e por isso temos de ficar alerta. Como diz Hargreaves (1996), o desaparecimento total do individualismo pode levar à morte da individualidade.

Individualismo. Consideramos o individualismo como isolamento e egoísmo que atende apenas a interesses particulares. Baseia-se na concepção filosófica, política e econômica, apoiada na primazia do indivíduo, que concebe a realidade social como um conjunto de individualidades que subsistem por si mesmas, cujos interesses pessoais, considerados isoladamente, constituem o valor máximo.

Individualidade. A individualidade é considerada em oposição ao individualismo. Independência e realização pessoal, imaginação, iniciativa, exercício do juízo independente estão ligados à competência, à autonomia profissional. Portanto, deve-se agir com precaução e cuidado ao procurar extinguir o individualismo, porque levaria à morte da individualidade, da competência e da eficácia.

Hargreaves, 1996.

No entanto, precisamos prestar atenção a certos enfoques de formação centrada na instituição educacional que, como o que se leva a termo sem levar em conta o professorado e mediante uma nova modalidade de formação, estabelecem os próprios mecanismos de controle.

Desse modo, nos encontramos diante de uma atividade de formação permanente do professorado na qual os gestores (normalmente, alguma organização administrativa) tentam averiguar as deficiências que se produzem nas instituições educacionais. Os pesquisadores (em geral, alguma organização universitária) descobrem as técnicas e as competências necessárias para retificá-las. Os tecnólogos de formação permanente (que às vezes também são universitários, embora normalmente sejam assessores) traduzem os achados derivados da pesquisa nos programas de preparação de professores que os técnicos de formação permanente (assessores) se encarregam de entregar ao professorado.

Não é esse o enfoque que defendemos. O enfoque que consideramos adequado é aquele que se baseia em um grupo que entra em um processo onde predomina a reflexão deliberativa, em um modelo investigativo com o qual o professorado elabora suas próprias soluções em relação com as situações problemáticas práticas com que se deparam em sua prática profissional.

Com base nesse enfoque, a formação é entendida como um processo de autodeterminação baseado no diálogo, à medida que se implanta um tipo de compreensão compartilhada pelos participantes sobre as tarefas profissionais e os meios para melhorá-las, e não como um conjunto de papéis e funções que são aprimorados através de normas e regras técnicas normalmente passíveis de ser generalizadas. E deverá levar em conta a formação inicial e a experiência da equipe docente e de cada uma das pessoas que a compõem, assim como as atividades de formação nas quais, como grupo e individualmente, se tenha participado antes.

No entanto, a modalidade de formação em escolas também possui algumas limitações devido aos seguintes motivos:

- Os professores têm tempo para se reunir, refletir e desenvolver o projeto.
- A equipe dispõe de recursos econômicos para adquirir materiais, visitar outras escolas, recorrer a assessores para consultar sobre as decisões que tomam e o processo que seguem.
- O projeto tem uma liderança que orienta e guia o processo para que todos os professores participantes tomem decisões significativas.
- Em suma, trata-se de fazer com que os esforços do professorado e da instituição educacional sejam integrados a outros esforços e estruturas que os acolham e os favoreçam.

Na iniciativa para o desenvolvimento de um projeto de formação para toda uma equipe docente, esta deve ter consciência do grau de comprometimento, intencionalidade e disponibilidade que o professorado adquire.

É necessária uma reunião de toda a equipe docente interessada em um processo de formação para refletir sobre os três pontos assinalados antes de continuar no processo caso se deseja começar com algumas mínimas garantias de sucesso.

O primeiro ponto a ser esclarecido é o nível ou grau de comprometimento que é possível compartilhar com todos: um projeto muito ambicioso, muito completo em seu planejamento, em que sejam incorporados sumariamente todos os matizes e sugestões para abrigar interesses particulares presumivelmente implicará uma complexidade excessiva em seu desenvolvimento. Diante disso, é mais conveniente reduzir o âmbito, a temática, as expectativas etc., de maneira que se proponham objetivos realmente factíveis que exijam um trabalho que toda a equipe docente possa assumir. A equipe deve encontrar um ponto de partida para o consenso a partir do qual possa dar continuidade ao trabalho e propor níveis maiores de exigência. E neste momento é particularmente importante que a aprovação da equipe seja realmente a expressão da aceitação de uma atividade que terá reflexos positivos na ação educativa, de maneira que supere a concepção de medida administrativa vazia e passe a ser vista como uma medida administrativa que reconhece o valor e o comprometimento dos órgãos colegiados da instituição educacional.

Em segundo lugar, é necessária a reflexão sobre a intenção real do pessoal ou da equipe docente de que se trate diante do projeto de formação. É verdade que qualquer atividade realizada pelos professores no exercício de suas funções tem, ou pode ter, consequências formativas. No entanto, quando uma equipe docente se propõe um processo de formação como tal, é preciso explicitar alguns conteúdos de formação permanente, naturalmente postos a serviço da prática docente na escola. É preciso definir o que é preciso aprender e o que se deseja fazer para melhorar a própria prática. Certamente, os temas ou procedimentos a ser trabalhados serão apenas alguns dos que se trabalham habitualmente na atividade da escola e com os alunos ou alunas: a atividade da escola não pode se limitar ao resultado do processo de formação nem se pode pretender que o processo de formação abarque de uma vez todos os problemas suscitados pela prática docente. É preciso, pois, definir com clareza os objetivos de formação que se buscam, bem como a estratégia e os mecanismos que permitam alcançá-los, independentemente do restante das tarefas desse mesmo docente na vida e ação cotidiana da escola.

No entanto, e esse seria o terceiro ponto de reflexão, incorporar um projeto de informação à vida de uma instituição educacional supõe estar disposto a introduzir modificações na organização interna dessa instituição. É preciso favorecer os tempos comuns do professorado para as sessões de trabalho, e isso pode significar a modificação ou a adaptação dos horários da escola para integrar os tempos de formação no horário de trabalho dos professores, sem que isso limite ou dificulte a coordenação interna da escola.

Além disso, é preciso considerar que um projeto de formação em escolas é um processo longo (dois ou três anos) que exige um tempo inicial de ajustes na vida do grupo; às vezes os resultados demoram a aparecer. É preciso respeitar o ritmo do próprio processo, que não pode ser acelerado, mesmo que haja questões consideradas muito urgentes.

No entanto — e embora pareça contraditório com o que acabamos de dizer —, um projeto de formação em uma escola é um apoio pontual e limitado no tempo na trajetória de tal escola. Supõe um impulso inicial para que a escola seja capaz de incorporar a sua atividade habitual a formação permanente de seu quadro de pessoal como uma função a mais de sua organização, concretizando a união teórico-prática no desenvolvimento da profissão docente.

Para concluir, e como um pequeno resumo, apresentamos um texto de uma administração autônoma na legislatura anterior:

> A formação em escolas deve ser entendida como uma iniciativa associada ao projeto educativo das instituições educacionais, incluída no plano de formação, que aglutina as demandas de um amplo grupo de professores e professoras, vinculadas à busca de soluções concretas no contexto da própria instituição e através da realização de tarefas específicas. Essas demandas, por sua vez, devem ser produto de uma análise e reflexão compartilhadas.
>
> Disponível em: <http://www.cepcordoba.org/formacion/ffcc>. Acesso em: 17 out. 2015.

CAPÍTULO 10
Qualidade e metodologia na formação do professorado

Na bibliografia atual sobre formação do professorado encontramos poucas análises sobre o que podemos chamar genericamente de processos formativos práticos. Há muita teoria, alguma experiência e poucas referências à metodologia formativa. Se um novato em formação procurasse saber como formar professores, encontraria paradigmas,[1] modelos, tendências..., mas pouco do interior da formação. O que fazer para que a formação provoque a mudança desejada (refiro-me a modalidades formativas, modos de atuar do formador ou formadora, estratégias que utiliza etc., isto é, à metodologia nos processos de formação)? Algumas obras tratam desse ponto em um capítulo genérico com a denominação de "metodologia", mas o fazem de maneira generalizada e não chegam a se aproximar totalmente da prática

---

1. Em seu livro *The structure of scientific revolutions* [*A estrutura das revoluções científicas*] — publicado primeiramente como monografia na International Encyclopedia of Unified Science [Enciclopédia Internacional da Ciência Unificada] e em seguida como livro pela editora da Universidade de Chicago em 1962 —, Thomas Kuhn acrescentou em 1969 um apêndice como réplica às críticas suscitadas pela primeira edição. Uma das definições de paradigma é uma constelação de conceitos, valores, percepções e práticas pertencentes a uma comunidade, que configura uma visão particular da realidade e constitui a base na qual essa comunidade se organiza (cf. a edição em português: KUHN, Thomas. *A estrutura das revoluções científicas*. Trad. Beatriz Vianna Boeira e Nelson Boeira. São Paulo: Perspectiva, 2010).

atual da formação nem a analisar quais são as modalidades e estratégias que têm maior impacto na inovação; tampouco se atrevem a realizar uma análise sobre quais podem ajudar o formador ou formadora a consegui-lo; ou seja, quais têm maior qualidade ou, em outras palavras, quais ajudarão o professorado a introduzir inovações educativas e a melhorar sua prática.

THOMAS SAMUEL KUHN (1922-1996). A editora Perspectiva, de São Paulo, publicou em português a obra mais famosa de Kuhn, escrita em 1962. Hoje encontramos diversas reedições, a última, de 2010.

A meu ver, as modalidades e estratégias de formação para aumentar a qualidade da formação e, portanto, sua efetividade devem organizar-se, antes de tudo, tendo como base o trabalho em grupo entre o professorado, centrar-se em um trabalho colaborativo para a solução de situações problemáticas que surgem da prática laboral. No entanto, também não podemos cair na falácia naturalista[2] que, aplicada aqui,

---

2. Termo empregado pelo filósofo Henry Sidgwick e seu discípulo George Edward Moore, por sua utilização no livro de 1903, *Principia ethica*. A falácia naturalista é a tentativa de identificar ou de reduzir o "bom" ao que é "natural". Consiste em justificar a bondade de algo pelo mero

nos faria dizer: se trabalhamos de modo colaborativo, o ensino será inovado e o professorado receberá melhor formação. O trabalho colaborativo é importante, mas são necessárias outras coisas.

Se são realizadas com apoio externo, as propostas de atividades formativas deveriam ser precedidas por uma fase de "negociação" com os professores e as escolas e pela análise de suas necessidades reais de formação. Já se sabe que toda metodologia em formação docente se situa nas limitações administrativas e nas estruturas organizacionais. Por isso é importante conjugar o prescritivo sobre os processos de formação desejados pelo governo com as necessidades do grupo e dos territórios onde atua. É necessário certo equilíbrio entre os dois processos.

Necessidades prescritivas da administração educacional	Necessidades sentidas pelo pessoal da escola
As necessidades prescritivas baseiam-se em um conceito de necessidade formativa, como a lacuna, ou seja, a distância ou diferença entre o que é ou sabe o professorado e o que ele deveria saber. Essa distância entre os dois polos seria a necessidade formativa; e a formação, os meios a que se deve recorrer para tentar eliminar a lacuna entre os dois polos. Os dois extremos devem ser reduzidos a um único.	Estas necessidades partem da base de que, para planejar a formação, é importante conhecer o que o professorado pensa, suas necessidades sentidas e expressas. Define a necessidade como um problema que pode ser resolvido. O professor é visto como um sujeito de formação; portanto, será necessária sua participação na análise de necessidades. Parte da ideia de que, para planejar a formação, é importante conhecer o que pensam os sujeitos, suas necessidades sentidas e expressas.

Necessidades de formação

Quando vemos a formação do professorado com base na análise das necessidades do pessoal da escola, é preciso decidir: o nível de

---

fato de considerá-lo natural. Também se utiliza o termo "falácia naturalista" para descrever a crença de que o natural é inerentemente bom e o que o não natural é inerentemente ruim.

intervenção de formadores ou formadoras, o que ajudará a transformar a prática e quais estruturas de pensamento e atitudes temos de trabalhar. É o modelo de formação centrado no professorado e não unicamente no sistema.

Alunos em sala de aula

No entanto, para evitar que a metodologia formativa — ou seja, a praticada pelos formadores e formadoras — seja vista como uma receita de caráter normativo, deve-se assumir a necessidade de uma revisão crítica da própria prática formativa de cada um e coletivamente. Pensar que o professorado é inteligente para não realizar uma formação baseada no usuário ignorante e sujeito de sua própria formação.

> Trabalho "colaborativo", "cooperativo", "em equipe" e "em grupo" muitas vezes são utilizados como sinônimos, mas não são.
>
> **Trabalho colaborativo entre o professorado.** Envolve um grupo de professores e professoras com papéis específicos que realizam processos de interação recíproca e intencional em busca de objetivos específicos, compartilhando experiências e conhecimentos. Trabalha-se de acordo com as capacidades e habilidades específicas; todos contribuem com o grupo e se gera uma interdependência positiva entre eles.
>
> **Trabalho cooperativo entre o professorado.** Existem poucas diferenças com o anterior e podem ser sinônimos. Aplica-se mais aos alunos que ao professorado. Se o aplicamos ao professorado, é a associação entre eles; buscam ajuda mútua em atividades conjuntas, de maneira que possam aprender uns com os outros. Os objetivos de todos estão estreitamente vinculados, de maneira que cada um deles só pode alcançar seus objetivos se, e somente se, os outros conseguem alcançar os seus. No campo da formação, aplica-se indistintamente o colaborativo e o cooperativo.
>
> **Trabalho em equipe.** No trabalho em equipe, todo o professorado responde pelo trabalho que é realizado. Todos fazem o mesmo trabalho; portanto, não é um trabalho complementar, e sim coletivo. No trabalho em equipe, é fundamental a coesão do grupo, já que deve haver uma estreita colaboração entre seus membros. Não é preciso haver hierarquias.
>
> **Trabalho em grupo do professorado.** Ocupa um grau abaixo do trabalho coletivo. O trabalho em grupo permite que os professores se unam, se apoiem mutuamente na escola; mas eles são autônomos e cada um responde por seu trabalho. Este é realizado individualmente e em seguida é apresentado ao grupo (com um trabalho complementar). Não é necessária uma grande coesão entre o professorado. Pode haver níveis hierárquicos. Poderíamos dizer que todas as escolas trabalham em grupo, embora não necessariamente todas as anteriores.

As modalidades formativas devem desenvolver estruturas de participação e diálogo com o professorado para construir projetos de inovação nas instituições educacionais, analisando os processos educativos. E é preciso entender que o método que o formador ou a formadora utilizam faz parte do conteúdo, ou seja, que o que se diz é tão importante quanto a maneira como se diz e se trabalha. O método de formação será tão importante quanto o conteúdo. Vamos analisá-lo mais profundamente.

> Com o termo **modalidades de formação** referimo-nos à análise das práticas e dos conteúdos que se ministram e se compartilham nos processos de formação (a maneira). Especificamente, são as formas que as atividades de formação adotam no desenvolvimento dos processos formativos, em virtude de algumas características que se combinam de diferentes maneiras em cada caso: a forma de participação (individual ou coletiva), o nível de planejamento da atividade (existência de um projeto ou não, planejamento fechado ou não etc.), os papéis ou interações dos sujeitos que intervêm (organizadores e organizadoras, "especialistas", assessores, participantes...), o grau de implicação que se exige dos participantes e sua maior ou menor autonomia, a dinâmica e estrutura interna das sessões e as estratégias preferenciais que se adotam etc.
>
> Em resumo, uma modalidade formativa é um conjunto de atividades que explicita de que maneira se realizará o processo de formação (cursos, seminários, grupos de trabalho, congressos etc.).

10.1 A metodologia formativa nas modalidades de formação

Na formação do professorado, a metodologia nos processos formativos deveria passar pela participação inerente a situações problemáticas reais das escolas; não pode ser empreendida unicamente por uma análise teórica da situação em si, mas a situação percebida pelos professores deve ser reinterpretada no sentido de que necessita de uma solução, ou seja, de uma modificação da realidade, de uma mudança da prática.

Assim, a formação assume um processo em que, em vez de dar uma instrumentação já elaborada, será necessário que o conhecimento de todos seja submetido a crítica em função de seu valor prático e analisando os pressupostos educacionais e ideológicos em que se baseia. Na mudança das pré-concepções sobre o ensino do professorado está em questionamento o que se faz e por que se faz. Em seguida, é preciso compartilhar essas pré-concepções para analisar se devem ser justificadas, modificadas ou destruídas.

Se pensamos que um dos objetivos prioritários da formação do professorado é a formação construtiva e crítica e a autoformação que conduz à autonomia, sua finalidade deveria ser o fortalecimento de modelos autônomos de trabalho. Isso não impede que, para ser consolidados, os modelos autônomos necessitem de referências técnico-práticas e de reflexão ou de alguém que os acompanhe. A autonomia não significa necessariamente caminhar sozinho. Alcançar a autonomia deve ser um objetivo prioritário na formação. Mas a aquisição dessa autonomia, quando se parte de uma formação normativa e de medidas prescritivas, supõe certo esforço e tempo, ou seja, um processo que deve comportar uma coerência no desenvolvimento da formação, que deve partir da análise da situação (necessidades, esperanças, emoções, problemas, demandas...), da tolerância dos problemas profissionais e deve adotar uma metodologia formativa baseada na resolução de problemas profissionais mediante projetos no interior das escolas; uma formação a partir de dentro do grupo onde situações problemáticas da prática são solucionadas de forma colaborativa.

Sequência para a resolução de um problema em colaboração:
1. Esclareça termos e conceitos desconhecidos na descrição do problema.
2. Defina o problema; faça uma lista de fenômenos/fatos para explicá-lo.
3. Analise o problema; faça uma "chuva de ideias"; sempre que possível, procure produzir o fenômeno/fato com muitas explicações diferentes. Use seu conhecimento prévio e senso comum.
4. Critique as explicações propostas e procure descrever coerentemente os processos que, na sua opinião, estão na base do fenômeno/fato.
5. Formule temas para a aprendizagem autodirigida ou independente.
6. Complete as lacunas de seu conhecimento com o estudo pessoal.
7. Compartilhe suas descobertas em seu grupo e procure complementar o conhecimento adquirido com uma explicação abrangente do fenômeno/fato. Comprove agora se você já sabe o bastante.

Fonte: Schmidt e Moust (2000, p. 23).

Dessa perspectiva, a formação permanente do professorado apoia-se fundamentalmente na aquisição de conhecimentos teóricos e de competências na interação das pessoas, isto é, dos colegas. Ninguém aprende a dirigir ou a nadar unicamente com apresentações em Power Point ou similares. Ninguém aprende a refletir ou a planejar teoricamente; é possível entender os processos, mas dificilmente levá-los a termo. Em formação permanente, muitos elementos não se ensinam, se aprendem, e esse é o desafio. Vamos colocar o professorado não tanto em uma atitude na qual seja ensinado, mas em situações de aprendizagem. Para tanto, a formação, mais que ensinar ou formar, deveria criar situações e espaços de reflexão e formação; mudar a metodologia.

Tudo isso supõe uma mudança na maneira de ver os processos metodológicos de formação, uma vez que obriga a desenvolver na formação docente uma nova metodologia de trabalho, que consiste em aprender a observar os outros, a permitir que o observem e a observar a si mesmo; em criar espaços de aprendizagem mútua, trocando experiências; em fazer exercícios de cultura participativa; em se respeitar e aplicar a tolerância profissional (todos somos diferentes); em ajudar a construir e em ensinar a construir uma identidade humana autônoma, mais livre, mais cidadã; em compartilhar problemas e dúvidas; em se conhecer para além do trabalho profissional, em refletir sobre o que se faz etc.

> **Rumo à autonomia através da formação**
>
> Se a formação tem como principal objetivo a autonomia do professorado, é preciso que nela se reflita sobre a finalidade das diversas metodologias formativas de acordo com o que se pretende obter e com o nível de participação dos docentes. Isso implica estabelecer diversas fases que devem ser vistas como flexíveis e não como rígidas, pois não é possível estabelecer linhas contínuas de progressão na formação, uma vez que, ao contrário, estas são totalmente cíclicas e flutuantes. *Grosso modo*, poderíamos estabelecer três fases:
> - A primeira é a fase da informação. Surgem com força os elementos conceitualizadores, o estabelecimento de metodologias de formação que levam à necessária informação e transmissão sobre os aspectos novos, que implicam o conhecimento do estado da questão das novas aprendizagens formativas. Nessa fase, as pessoas costumam depender de quem dirige, coordena ou modera a formação. Predomina o modelo de treinamento.

- A segunda é a fase da formação. Surgem os elementos que poderíamos considerar de aplicação prática, no sentido de aplicação prática do conhecimento a uma práxis determinada; estratégias que possibilitam o envolvimento entre as pessoas e que levam a uma análise das novas questões. É o modelo de projetos de inovação.
- A terceira é a fase da inovação, autoformação ou autonomia. O professorado, pela comparação de suas ideias e conhecimentos, procura soluções para situações problemáticas por meio da aplicação de projetos. É o modelo investigativo e de reflexão sobre a prática.

CAPÍTULO 11
Ética e valores na formação docente

> Quando os outros entram em cena, começa a ética... São os outros, em seu olhar, o que nos define e nos confirma.
>
> UMBERTO ECO. Apud TAMAYO ACOSTA, J. J. *Nuevo paradigma teológico*. Madrid: Trotta, 2004. p. 123.

O tema da ética na formação docente nunca constituiu uma grande preocupação no campo educacional, mais preocupado com a eficiência e a eficácia nas aprendizagens dos alunos e alunas, obstáculo histórico de quando a busca empírico-analítica[1] se centrava nos alunos e nas causas da aprendizagem. Se dedicamos um tempo à análise de documentos, pesquisas, artigos etc., percebemos que aplicam a ética e os valores, ou que existe uma ampla literatura em outros campos do professorado (reuniões como docente na sala de aula, um pouco de deontologia profissional, recentemente o tratamento do código ético do professorado como transmissor de valores no currículo etc.), mas

---

1. As teorias empírico-analíticas também costumam ser chamadas teorias dedutivo-empíricas ou empírico-geral-indutivas. Baseiam-se em diferentes variedades da lógica científica neopositivista. Consideram que as ciências sociais detectam certas regularidades empíricas e a partir dali elaboram leis gerais sobre o social. Operam com conceitos matemáticos e fazem raciocínios dedutivos.

muito pouco ou nada em relação à formação dos docentes. É como se a formação de professores que se realiza, tanto inicial como permanente, tivesse de ser ética por natureza, por si mesma, partindo dessa bondade inata, como se a formação tivesse de ser assim e não de outra maneira. Mas essa bondade não existe *a priori*, ou pelo menos deve ser demonstrada; portanto, temos de começar a refletir profundamente sobre a ética na formação docente, uma vez que, depois de formados, serão os professores que educarão ou introduzirão uma ética a seus discípulos. E não nos esqueçamos de que professores e professoras ensinam mais pelo que viram e pelo que lhes ensinaram do que pelo modo como deveriam fazê-lo. Se não introduzimos a ética na formação do professorado, como se pode realizar depois um ensinamento ético no ensino da infância e da juventude?

11.1 Quais valores? Qual ética?

Por que precisamos tratar mais de ética agora que em tempos passados? Com certeza isso se deve à mudança de orientações nas últimas décadas, como o ensino por competências, a concentração da aprendizagem nos alunos e nas alunas, a relação com a ciência, a tecnologia, a sociedade, a inovação e a sustentabilidade na sociedade da informação e do conhecimento e, sobretudo, a crise das instâncias de socialização que assumiam formar as pessoas em ética ou valores da comunidade (agora sua transmissão se enfraquece em virtude da padronização). Tudo isso — e muitos outros aspectos que certamente deixamos de citar — leva-nos à necessidade imperativa de desenvolver competências éticas na formação docente do professorado para que as assuma no interior de sua identidade docente (como profissionalização, ou seja, como parte intrínseca da profissão de ensinar) para fomentar o uso da educação nos processos de construção de sociedades mais justas e equitativas, e também em seu processo profissional (quando trabalha com a metodologia, avaliação, gestão, comunicação com os colegas, relação com a comunidade etc.) e para que saiba transmiti-las a seus alunos com o objetivo de formar cidadãos que trabalhem em busca do bem comum e da democracia. Essa é a resposta para o porquê da realização de uma formação ética para desenvolver o bem comum coletivo e as relações positivas com os outros e com o contexto.

A formação ética deve permitir que se realizem no professorado em formação a construção e a apreciação de determinados valores que levam a uma moral educacional, a desaprender valores que cultivam seres humanos competitivos, isolados e não solidários para trazer para a sala de aula a aprendizagem de uma prática de cidadania ativa, valores democráticos, uma luta em favor da inclusão social, uma responsabilidade compartilhada e a necessidade de se envolver em projetos coletivos que reflitam um trabalho comprometido com a dignidade de todos os seres humanos. A profissão docente está impregnada de valores e, portanto, é uma profissão ou ofício moral de um grupo que ensina. Tom (1984, p. 47) nos dirá:

> Que outra coisa pode significar falar do ensino como ofício moral a não ser evidenciar o caráter não instrumental do próprio ensino, ou seja, o fato de que o ensino não implica apenas habilidade e juízo, mas também deveres normativos?

Valores. Os valores são convicções profundas que orientam a maneira de ser e a conduta e implicam sentimentos e emoções. Valores, atitudes e conduta estão relacionados. Os valores são crenças ou convicções de que algo é preferível e digno de apreço. Uma atitude é uma disposição para agir de acordo com determinadas crenças, sentimentos e valores. As atitudes, por sua vez, se expressam em comportamentos e opiniões que se manifestam de maneira espontânea. É conhecida a frase de Platão: "Valor é o que dá a verdade aos objetos cognoscíveis, dá luz e beleza às coisas etc.; em uma palavra, é a fonte de todo ser no homem e fora dele".

Ética e moral. Os termos *ética* e *moral* só superficialmente podem ser considerados sinônimos. No entanto, alguns pretendem que estamos diante de dois conceitos distintos para designar a mesma ideia. Outros redefinem gratuitamente o termo "ética" para designar com ele o tratado da moralidade.

> Ética seria o estudo da moral. Temos que rejeitar tal distinção entre ética e moral, embora se tenha difundido amplamente na Espanha através de muitos representantes da chamada "filosofia analítica". A etimologia e a história semântica desses termos nos informam que *ethos* alude àquele comportamento dos indivíduos que possa ser derivado de seu próprio caráter, enquanto *mos, moris* alude aos "costumes" que regulam os comportamentos dos indivíduos humanos enquanto membros de um grupo social.
>
> García Sierra, Pelayo. *Biblioteca*: filosofía en español. Disponível em: <http://filosofia.org/filomat>. Acesso em: 13 out. 2015.

Busto de Platão. Esta peça data do século IV d.C. e é uma cópia romana de um original grego. Atualmente se encontra no Museu Pio-Clementino, no Vaticano. Platão (427-347 a.C.). Arístocles de Atenas, Platão (apelido que recebeu pelo significado desse termo em grego: "o de costas largas") nasceu em Atenas. Discípulo de Sócrates, aceitou sua filosofia e sua forma metodológica dialética: a obtenção da verdade por meio de perguntas, respostas e mais perguntas. Em Atenas fundou A Academia, primeira escola de filosofia organizada, considerada origem das atuais universidades. Platão reuniu as ideias de ética de Sócrates.

11.2 Aprender ética e aprender com ética

> A ética de que falo é a que se sabe afrontada na manifestação discriminatória de raça, de gênero, de classe. É por esta ética inseparável da prática educativa, não importa se trabalhamos com crianças, jovens ou com adultos, que devemos lutar. E a melhor maneira de por ela lutar é vivê-la em nossa prática, é testemunhá-la, vivaz, aos educandos em nossas relações com eles.
>
> Freire, Paulo. *Pedagogia da autonomia*: saberes necessários à prática educativa. Rio de Janeiro: Paz e Terra, 1997. p. 10.

Para promover valores éticos e morais, a formação docente não deveria realizar a tarefa tradicional de transmitir apenas o "conhecimento objetivo" (conteúdo) das disciplinas, mas teria que dar mais importância ao "conhecimento subjetivo" (atitudes, emoções...) ou, em outras palavras, a atitudes e valores, uma vez que hoje em dia, por exemplo, mais que saber muita didática de matemática, é preciso assumir um compromisso que vá além do meramente técnico e que deve alcançar os âmbitos do pessoal e do grupal. A deliberação, o trabalho em grupo, a comunicação, a análise dos problemas e dos conflitos, a colegialidade no desenvolvimento pessoal do professorado etc., são fatores muito mais importantes que o fato de estabelecer uma formação em aspectos pedagógicos e didáticos técnicos que levam a uma concepção do ensino como reprodutor de um conhecimento e a um desenvolvimento muito mais instrucional que educativo.

> O conhecimento objetivo apoia-se nos dados fornecidos pelo objeto — e por isso pode ser compartilhado — e outorga graus de verdade a nossas afirmações. Dá mais importância às características ou propriedades do objeto independentemente do sujeito que o examina.
>
> O conhecimento subjetivo apoia-se em convicções e ideias do sujeito e, portanto, proporciona certeza. Dá mais destaque ao ponto de vista particular do sujeito que conhece e a sua percepção do mundo.

Isso não apenas implica o questionamento de uma formação do professorado, sobretudo inicial, que seja estritamente disciplinar, à maneira antiga, mas também a proposta de como tratar outros aspectos na formação inicial e permanente (especialmente a inicial), ou seja, como formar pessoas para que formem pessoas.

E é preciso começar pela identidade do docente. Esta faz parte de sua identidade social e é concebida como a "definição de si mesmo" que o docente faz. No entanto, essa identidade comporta uma especificidade relacionada ao campo da atividade docente, comum aos membros do "grupo profissional docente", e lhes permite se reconhecer e ser reconhecidos em uma relação de identificação e de diferenciação (com os "não docentes") (Cattonar, 2001).

Para motivar uma formação docente ética, é preciso gerar uma motivação intrínseca relacionada com a tarefa de ser professor ou professora, que é muito mais difícil se o professorado está imerso em um ambiente de desmotivação e passividade (educativa, social ou ideológica). Se está desmotivado, seria necessário encontrar mecanismos para a motivação extrínseca (por exemplo, permitir um trabalho de mais qualidade, aprofundar a prática com os colegas, encontrar-se consigo mesmo para melhorar a autoestima, realizar-se profissionalmente...), uma vez que falta uma grande motivação relacionada com a autoestima; e se esta é baixa, diminui a motivação, que às vezes é muito baixa porque se valoriza pouco o posto de trabalho e as expectativas que se têm atualmente de realizar bem o trabalho. E se a motivação incide na identidade e esta na negligência ou na inércia no trabalho, reproduzimos um modelo que pouco tem a ver com o desenvolvimento de valores que ajudem os estudantes a ver a vida como algo que lhes permite ser melhores e trabalhar juntos para uma sociedade mais igualitária.

Todas as reformas educacionais sempre comportam um debate sobre a formação do professorado, tanto inicial como permanente, uma vez que se parte de um princípio elementar de acordo com o qual não é possível mudar a educação sem modificar os procedimentos com que se formam os professores. A experiência nos mostra que isso é verdadeiro em parte, uma vez que, para mudar a educação, também é necessário influenciar as pessoas e os contextos (metodologias, avaliação, comunicação, participação...). É algo em que muitas reformas não entram ou têm mais dificuldade de entrar. Quanto maior a cultura dos professores e melhor seu ambiente de trabalho, menos vulneráveis eles serão ao que vem de fora, e isso não interessa a muitos governos. É melhor manter o professorado subjugado e empobrecido para que seja mais vulnerável e menos crítico em relação às decisões políticas e sociais. E professorado subjugado transmite os valores desejados pelo poder instituído.

Se se esquece de mudar o contexto onde o professorado exerce a profissão, o debate sobre a formação docente normalmente se limita a tentar mudar as pessoas (seus conhecimentos, seus hábitos, sua atuação...). E assim temos um professorado mais informado, talvez mais técnico (e, muitas vezes, mais desinteressante), mas nada mais.

É verdade que atualmente existe um paradoxo educativo:[2] queremos educar de determinada forma, mas o contexto diz isso e não o faz ou impede que se faça. As instituições sociais e familiares às vezes introduzem contravalores, e esse paradoxo educativo (uma coisa é o que a escola ensina e outra o que é ensinado pela sociedade ou pelos meios de comunicação) faz com que estejamos imersos em um ciclo repleto de discursos simbólicos sobre a importância da educação (não tanto do sistema educacional) e da formação ética e em valores; mas fica nisso: um discurso simbólico em uma época em que as instituições educacionais parecem desorientadas devido às múltiplas atribuições e informações que recebem, ao excesso de responsabilidade que se deposita nelas e, como consequência, à análise crítica de que são objeto dependendo dos resultados obtidos. Uma época na qual a distância em relação ao que acontece fora das instituições educacionais pode ser cada vez maior se não se gera um debate sobre a imensa transformação que os sistemas educacionais precisam levar a termo, em seu processo de socialização compartilhada da infância e da adolescência, para desenvolver cidadãos ativos e responsáveis com seu entorno e com seus semelhantes. É uma luta que antes não era tão evidente. Os valores que comportavam determinada ética e moral muitas vezes eram complementares entre as instituições externas à escola e o processo educativo que se realizava ali dentro. Atualmente é mais duvidoso, como se vê nos modelos veiculados pelos meios de comunicação.

O professorado tem de lutar para encontrar uma forma de introduzir uma ética adequada à sociedade democrática atual, que seja coerente no contexto de seus próprios objetivos educativos, das expectativas da comunidade e das necessidades dos alunos. O dilema do professorado consiste em descobrir como tratar os valores no trabalho

---

2. Sobre a América Latina, ver o interessante artigo de Fernando Reimers, "Tres paradojas educativas en América Latina. Sobre la necesidad de ideas públicas para impulsar las oportunidades educativas" (*Ética y formación universitaria*, n. 29, maio-ago. 2002. Texto completo disponível em: <http://www.rieoei.org/rie29a06.htm>. Acesso em: out. 2015).

com toda a classe, com grupos pequenos, a atenção individual, o tempo dedicado aos objetivos das diferentes disciplinas, as questões cognitivas e afetivas, a extensão e profundidade dos conteúdos, as decisões dos professores, as decisões conjuntas, as decisões dos alunos, a atenção absoluta e a falta de atenção, os critérios oficiais de avaliação e seus próprios critérios, as necessidades dos indivíduos e do grupo etc. Enfim, o tema não é fácil, mas o trabalho participativo e colaborativo pode ser útil para uma formação ética coerente em toda a instituição para assumir vínculos afetivos entre todos e emitir um discurso coerente com outros setores sociais que também educam e que estão fora da instituição escolar.

Talvez a luz no fim do túnel seja que a formação ajude a compartilhar critérios comuns entre os que trabalham nas instituições educacionais (que não são apenas os professores), que leve a uma maior autonomia compartilhada (não a uma desregulamentação) e a formar a pessoa, o sujeito docente, nas atitudes, nas emoções. Seria um bom começo para desenvolver uma maior formação ética do professorado e uma consciência cívico-educativa de sua profissão.

11.3 Da identidade à formação de atitudes e emoções

E não poderíamos deixar de falar das emoções entendidas como a interpretação que fazemos das coisas e do que sentimos. Aqui não queremos empregar o termo de maneira pedante, como se faz atualmente em uma infinidade de ocasiões, mas levando em conta que o professorado precisa de uma formação que o ajude a utilizar suas emoções (o que interpretam e o que sentem) para estabelecer uma maior relação entre todos os que participam na educação e a desenvolver uma ética de compromisso coletivo. Uma formação que ajude o professor a ser uma pessoa "normal" e a não esconder suas emoções diante dos colegas, já que ocultá-las influencia suas relações. Uma formação que o ajude a compartilhar os problemas que surgem, relacionados com a atenção para a diversidade, a inclusão, a educação das cidadanias; a como trabalhar a democracia e a multiculturalidade. Uma formação que o ajude a saber trabalhar e a se relacionar com seus iguais e com a comunidade com o objetivo de que esta favoreça a difusão dos mesmos valores e não dos contrários. E tudo isso precisa acontecer em um contexto atual no qual o grupo muitas vezes sobressai por sua ausência no trabalho, na comunicação, na elaboração de projetos, na tomada de decisões etc. Enfim, a formação docente precisa mudar para assumir esse compromisso ético.

Uma formação ética é uma formação que ensina as cidadanias, no plural, para que o professorado, de forma individual e coletiva, as aplique transversalmente em sua atividade profissional; que proporciona as habilidades sociais que permitem compreender a realidade e fazer uma leitura crítica dos acontecimentos e do entorno; que, além disso, forma na independência de opinião, de raciocínio, de deliberação e de diálogo construtivo; que ajuda a transformar as relações das pessoas com as sensibilidades democráticas, sociais, paritárias, interculturais e ambientais.

Cidadanias

Cidadania **democrática**. Reinventar a democracia, cultura da paz, formação cívica, pluralismo...

Cidadania **social**. Deveres e direitos na consciência social cidadã, luta contra a pobreza, a exclusão social, discriminação positiva, comunidade, solidariedade...

Cidadania **paritária**. Cidadania a dois, igualdade de oportunidades...

Cidadania **intercultural**. Direitos coletivos, identidade da diversidade, diálogo entre culturas, relacionamento e comunicação...

Cidadania **ambiental**. Pacificação do homem com a natureza, desenvolvimento sustentável e humano, educação ambiental e educação cívica, nova ética de relacionamento com a natureza...

IMBERNÓN, F. (Org.). *Cinco ciudadanías para una nueva educación*. Barcelona: Graó, 2002.

O desafio da formação ética é como estabelecer processos para introduzir as cidadanias no interior das instituições educacionais, de sua cultura organizacional, de sua metodologia, para que proporcionem aos cidadãos as capacidades que lhes permitam compreender e interpretar a realidade, fazer uma leitura crítica dos acontecimentos e do entorno comunitário. A formação precisa ser capaz de proporcionar elementos para alcançar uma maior independência de opinião, deliberação e diálogo construtivo; precisa ser capaz de ajudar a transformar as relações entre o professorado com as novas sensibilidades que vêm impregnando a sociedade atual.

Hoje mais que nunca precisamos insistir em uma formação ética que não deixe os docentes à margem. A ética docente não pode ser considerada implícita na formação dos professores; temos de nos esforçar para construí-la e reconstruí-la.

Não podemos esperar que a formação ética do docente seja ditada de fora, de uma política educacional. Nós, o professorado, podemos e temos de fazer uma reflexão e uma análise sobre o exercício de ser professor ou professora desde o interior de cada escola, de cada comunidade educativa. Temos a obrigação de nos renovar a cada dia, de ser melhores, primeiro para nós mesmos, para depois ter condições de trabalhar com o outro, no grupo profissional e social, a condição de cidadania, onde você e eu somos o outro.

[...] Dirigindo um olhar positivo para nossa profissão e para o valor que ela merece de acordo com a importância social e cultural que possui:

- Agindo com o otimismo e o compromisso de que o exercício de nossa profissão se reflete na melhoria de nossos alunos e da sociedade.
- Dispondo de coragem, paciência, constância, confiança e capacidade de adaptação às mudanças sociais, culturais, econômicas... que nos ajudarão a superar dificuldades e obstáculos.
- Inserindo o valor da educação e do docente na sociedade.
- Desenvolvendo o direito e o dever de cuidar de si mesmo e do outro, para poder exercer a profissão de maneira saudável e satisfatória, que permita um crescimento pessoal e profissional.
- Usufruindo de nossa profissão, o que nos ajudará a fazer com que seja amada e respeitada.

Do documento *Compromiso ético del profesorado*. Disponível em: <http://www.ub.edu/obipd/docs/compromisoetico.pdf>. Acesso em: 20 out. 2015.

Compromisso ético do professorado

CAPÍTULO 12

O professorado e sua formação na Europa e na América Latina. Iguais, parecidos, diferentes, ou um pouco de tudo?

Escrever sobre a Europa e a América Latina como um todo é complexo e arriscado. E não deixaria de sê-lo mesmo que nos referíssemos separadamente a esse conglomerado que é a Europa ou ao que denominamos genericamente como América Latina. Se, além disso, pretendemos analisar um âmbito como o professorado e sua formação, mais que arriscado, se torna tão desmedido quanto impreciso. Embora esses dois megacontextos compartilhem muitos aspectos comuns no campo linguístico (Portugal e Espanha predominantemente) e educacional, sobretudo em referência às últimas reformas educacionais que começaram nos anos 1990, também convém destacar que muitos aspectos contextuais, sociais e educacionais os separaram. Por isso, embora seja preciso converter as dificuldades em possibilidades, como dizia Paulo Freire,[1] tudo tem um limite e o deste capítulo não está tanto no espaço como na delimitação da fron-

---

1. Paulo Freire (1921-1997), um dos pedagogos mais importantes do século XX. A pedagogia de Paulo Freire pretende a libertação do indivíduo das amarras que o mantêm afastado de sua verdadeira dimensão social. Para ele, a existência do ser humano só se dá no diálogo, na comunicação.

teira conceitual que se pretende. Ao tentar abranger um amplo espaço geográfico, com tanta cultura específica e tanta diversidade, incorre-se no perigo da superficialidade e da inutilidade da reflexão. Portanto, a opção viável é não falar de todos os países europeus e latino-americanos; ou melhor, não falar de nenhum em particular. Falarei especificamente das políticas de formação e desenvolvimento profissional do professorado em geral.

Paulo Freire (1921-1997) e sua *Pedagogia da indignação*, livro cuja leitura deve ser hoje recuperada.

Desse modo, evitarei expressamente citar países, temendo que o turbilhão nas políticas de formação dos últimos anos gere confusão, e porque considero que, mais que fazer uma análise minuciosa dos países ou um retrato detalhado da situação, nos interessa agora fazer uma reflexão mais global, mais do conhecimento da realidade do que acontece, e chegar a apresentar tendências e orientações sobre a formação do professorado nos países que contêm entre suas línguas alguma língua latina.

O argumento da delimitação conceitual é simples. A história, as reformas educacionais e da educação, o idioma (embora muitos latino-americanos o tenham como segunda língua) e muitos aspectos socioeconômicos e culturais nos aproximam e tornam possível falar sobre o que está acontecendo nesses países.

A população de toda a América Latina é muito variada: há brancos, negros, mestiços e indígenas. Em muitos países, os indígenas são mais da metade da população. É o caso da Guatemala e da Bolívia, por exemplo. Por isso, em todos os países latino-americanos se fala mais de uma língua. Na Colômbia, se falam cerca de 70 línguas; no Peru, cerca de 60; no México, cerca de 50; na Bolívia, cerca de 30; na Guatemala, cerca de 20; no Chile, cerca de 10...

As línguas mais faladas atualmente na América Latina são o nauatle ou asteca, o quiché (uma língua maia), o quíchua, o aimará, o guarani e o mapuche.

O nauatle era o idioma falado pelos astecas, e antes da chegada dos espanhóis funcionava como a língua franca ou comum dentro de seu império. Atualmente, é falada por cerca de dois milhões de habitantes no México, na Guatemala e em El Salvador. O quiché é a língua maia mais conhecida e é falada no sul do México, na Guatemala e em Honduras por mais de meio milhão de pessoas.

Já na América do Sul, os idiomais atuais mais vigentes e reconhecidos são o quíchua, o aimará, o guarani e o mapuche. O quíchua era o idioma oficial do império inca. Atualmente, o quíchua é falado desde o sul da Colômbia, passando pelo Equador, Peru, Bolívia e até o norte da Argentina, por aproximadamente sete milhões de pessoas. O aimará também é falado entre a Bolívia e o Peru, mas tem menos falantes que o quíchua, cerca de três milhões. O guarani é falado sobretudo no Paraguai.

Finalmente, o mapuche é o idioma indígena mais falado do Chile. A palavra *mapuche* significa "povo da terra", embora eles prefiram chamar sua língua de *mupudungu* (língua da terra). É uma das línguas da América Latina com menos falantes. Calcula-se que atualmente seja falada por meio milhão de pessoas.

VARELA, Montserrat. *Las lenguas de América Latina*. Disponível em: <http://www.hueber.de/sixcms/media.php/36/mirada-lk-L14.pdf>. Acesso em: 19 out. 2015.

Seja como for, o que é uma realidade que separa a América Latina e o Caribe da Europa é que em vários países latino-americanos a pobreza atinge grande parte da população (no entanto, na Espanha e em alguns países europeus vem aumentando, embora se trate de uma pobreza mais assistida) e uma quantidade importante de pessoas vive em uma total ou quase indigência. Além disso, em muitos países, as democracias ainda não se consolidaram, a economia de mercado exclui grandes grupos da população, as identidades culturais minoritárias se sentem ameaçadas (apesar de se ter avançado muito nesse aspecto)... E em muitos países os professores recebem uma formação inicial deficiente e o investimento em capacitação deixa muito a desejar. Isso não se verifica em todos os países e, portanto, toda generalização nesse campo seria injusta. Mas, como na Europa, os países latino-americanos avançaram muito em formação e capacitação de docentes, porque não temos de avaliar apenas a obra dos governos (diversificada em suas políticas e unificada em muitos países pelo Banco Mundial), mas também a obra de uma infinidade de organizações e instituições (sindicatos, movimentos, comunidades, universidades...) que trabalham com afinco na capacitação docente e por seu desenvolvimento profissional.

Esse avanço também se reflete em alguns números. O gasto público em educação nos países latino-americanos aumentou nos últimos anos e continua a fazê-lo apesar dos grandes problemas pendentes, embora as políticas educacionais logicamente não se concentraram tanto na formação do professorado, e sim em enfrentar problemas diversos, como evitar as greves docentes, dedicar recursos a programas de assistência alimentar ou sanitária, ou responder a demandas de comunidades. Isso provocou algumas reformas de descentralização, desconcentração e privatização, que visavam reduzir o déficit fiscal ou enfraquecer o poder de negociação dos sindicatos, o que teve repercussões nas políticas educacionais. Não obstante, ainda resta muito a fazer.

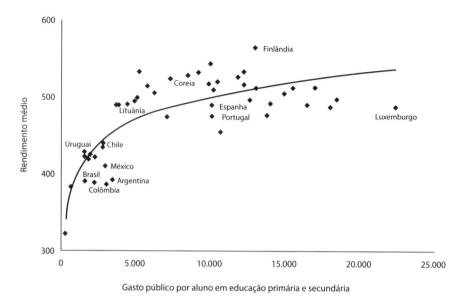

Gasto público por aluno em educação primária e secundária

Perspectivas Econômicas da América Latina em 2009. Disponível em: <http://www.oecd.org/document/56/0,3343,en_2649_33973_41581432_1_1_1_1,00.html>. Acesso em: 10 dez. 2013.

12.1 Formação ou desenvolvimento profissional? Do que estamos falando?

No âmbito a que nos referimos, e diante da complexidade das situações, é importante esclarecer a diferença que estabeleço entre formação e desenvolvimento profissional. Por exemplo, é possível que alguns países latino-americanos se esforcem muito para "ministrar" capacitação aos professores, mas não deem muito destaque a seu desenvolvimento profissional. Ou melhor, podemos dizer que se insiste mais em capacitar que em desenvolver profissionalmente o professorado. Eu me explico.

Muitas vezes empregamos o conceito de formação e o de desenvolvimento profissional como sinônimos; faz-se uma equiparação total entre formação permanente do professorado, capacitação e desenvolvimento profissional. Se aceitássemos essa semelhança, estaríamos considerando o desenvolvimento profissional dos professores de forma muito restritiva, já que significaria que a formação é o único meio de desenvolvimento profissional do professorado. E não é verdade que o desenvolvimento profissional de professores se restrinja unicamente ao desenvolvimento pedagógico, ao conhecimento e compreensão de si mesmos, ao desenvolvimento cognitivo ou ao teórico, mas é tudo isso e muito mais, pois deve ser inserido em uma situação trabalhista (salário, clima de trabalho, profissionalização etc.) que permite ou impede a realização de uma carreira docente.

A profissão docente se desenvolve profissionalmente mediante diversos fatores: o salário, a demanda do mercado de trabalho, o clima de trabalho nas instituições nos quais se exerce, a promoção dentro da profissão, as estruturas hierárquicas, a carreira docente etc.; e, é claro, mediante a formação inicial e permanente que essa pessoa realiza ao longo de sua vida profissional. São fatores que possibilitam, ou impedem, que os professores progridam no exercício de sua profissão. Uma melhor formação certamente facilitará esse desenvolvimento, mas a melhoria dos outros fatores (salário, estruturas, ambiente nas escolas, níveis de decisão, níveis de participação, carreira, clima de trabalho, legislação trabalhista...) também o fará, e de forma muito decisiva. Podemos ter uma excelente política de formação e nos deparar com o paradoxo de um desenvolvimento profissional próximo da proletarização, simplesmente porque os outros fatores não estão suficientemente garantidos nessa melhoria. Professores cultos, mas pobres.

A formação se legitimará, então, quando contribuir para esse desenvolvimento profissional do professorado no âmbito do trabalho, não quando tentar ocultar uma profissão castigada pela burocracia e por certificações.

Os próprios governos latino-americanos têm consciência disso, como revelam seus escritos e discursos. Por exemplo, no "Projeto de recomendações sobre políticas educacionais", elaborado na reunião de ministros da Educação realizada em Cochabamba (Bolívia) em dezembro de 2001, se diz textualmente:

> O tema dos docentes aparece como um dos mais críticos, pois se percebe na região uma ausência importante de políticas integrais que articulem

a formação docente inicial e em serviço, a carreira docente, as condições de trabalho e os salários... A velocidade da mudança científica e técnica e o uso crescente das novas tecnologias de informação e comunicação não tornam obsoleto o papel dos educadores, mas, ao contrário, o transformam e o convertem em um fator chave na educação do futuro, o que obriga a modificações profundas na organização do trabalho docente e na maneira de conceber seu papel profissional.

Como podemos ler, une-se o desenvolvimento profissional à carreira docente, às condições de trabalho e ao salário. Portanto, a formação e o desenvolvimento profissional são duas faces da mesma moeda. Mas a maioria do professorado latino-americano está assumindo um alto grau de capacitação (sem entrar no mérito de sua qualidade ou eficácia), embora ainda se mantenha em um desenvolvimento profissional muito pobre. Em todo o mundo, será preciso que formação e desenvolvimento profissional se complementem e não se enfraqueçam.

12.2 O papel do professorado

Para poder averiguar o que está acontecendo no âmbito da formação e do desenvolvimento profissional nos países latinos (incluindo o Estado espanhol), temos de analisar a formação permanente do professorado tanto no que diz respeito à estrutura quanto ao conteúdo (especialidades, escolas de magistério ou faculdades, criação de escolas de professores ou similares, professores recém-formados, professores experientes, etapas na formação, formação de assessores...). Em todos os países, em todos os textos oficiais, em todos os discursos, a formação permanente ou capacitação é considerada fundamental para obter êxito nas reformas educacionais; no entanto, já não é tão habitual o estabelecimento de estruturas e propostas coerentes que possibilitem uma maior inovação dos processos educacionais das instituições de ensino, especialmente nestes tempos em que em muitos países predominam governos de cunho conservador e políticas neoliberais (com algumas exceções e com muita contradição). Muitos países jogam, literalmente, os escassos recursos que dedicam à capacitação do professorado no grande lixo da inutilidade. Paradoxalmente, há muita formação e pouca mudança.

Ninguém deveria duvidar (embora baste verificar os salários de muitos docentes latino-americanos para se dar conta de que muitos políticos duvidam) de que qualquer reforma da estrutura e do currículo do sistema educacional — e sua inovação quantitativa e qualitativa, sobretudo esta última — precisa contar com o apoio do professorado e com sua atitude positiva diante de sua capacitação nas mudanças. Em qualquer transformação educacional, os professores não apenas precisam ter condições de constatar um aperfeiçoamento da formação de seus alunos e do sistema educacional em geral, mas também devem perceber um benefício em sua formação e em seu desenvolvimento profissional. Esta percepção/implicação será um estímulo para levar à prática o que as novas situações demandam. É um aspecto essencial, ao menos para os que consideramos os professores como a peça fundamental de qualquer processo que pretenda uma inovação verdadeira dos elementos do sistema educacional, já que são eles, em primeira e última instância, os executores das propostas educacionais, os que exercem sua profissão em escolas concretas, situadas em territórios com necessidades e problemáticas específicas.

Sem a participação do professorado, qualquer processo de inovação pode se converter em uma ficção ou em uma miragem, que pode até chegar a refletir processos imaginários, quando não simplesmente uma mera mudança técnica ou terminológica, patrocinado de cima. E é exatamente isso o que acontece em muitos países. De cima, das superestruturas, se geram mudanças prescritivas que não originam inovações nas instituições onde trabalham os profissionais da educação.

A reforma educacional e as estruturas de formação foram copiadas umas das outras (a começar pela "inspiração" reformista espanhola) e depois se ajustaram a algumas realidades dependendo da origem do financiamento e dos consultores de plantão. Mas a perspectiva é, sem dúvida, a mesma. A rejeição de muitos docentes à reforma e aos programas de formação deve-se a essa falta de sensibilidade (no mínimo) de contar com os que vão levar a termo as mudanças ou ver a corrupção de quem as promove; ou, de outro ponto de vista, em querer realizar as mudanças sem fazer frente ao desenvolvimento profissional.

Qualquer inovação que se pretenda realizar através da formação não pode "ser negligente"; tampouco as relações de trabalho do professorado com a administração educacional correspondente, nem a adequação dos professores dentro do sistema em função da idade, das expectativas de progresso trabalhista, da especialidade docente ou da formação. No entanto, não é o aspecto salarial o único a ser revisto, mas também, em geral, as relações de trabalho. Em muitos países latino-americanos ainda existem muitos professores primários interinos, empíricos ou de categoria similar que são professores sem formação nem diploma, ou professores de um dia em virtude da distância da escola e da falta de meios para chegar ou permanecer ali. Falar de formação permanente e de desenvolvimento profissional do professorado nessas circunstâncias parece mais uma tentativa de fingir uma adequação a certos modismos reformistas que atender à realidade de uma mudança da educação.

Estas reflexões nos levam a considerar, em relação à análise do conteúdo da formação permanente do professorado, que muitas coisas estão mudando, mas talvez mudem mais os formadores de professores, as comunidades, as universidades, as instituições sociais que os governos se encarregam de gerar políticas de formação. Nessas instâncias e em algumas práticas governamentais, percebe-se a necessidade de dispor de um processo de formação que seja capaz, no mínimo, de considerar os seguintes elementos:

1. Levar em conta a diversidade profissional do professorado e a diversidade dos territórios. As mesmas políticas de formação não podem ser aplicadas a diferentes países.
2. Analisar o para que, o quê e o como da formação. Pensar nas situações problemáticas dos docentes e evitar concentrar-se em problemas genéricos, estereotipados, que não existem realmente.

3. Vincular sempre a formação permanente com o desenvolvimento profissional. *Primum vivere, deinde filosofare*,[2] como dizia o filósofo Aristóteles.
4. Planejar e avaliar a formação permanente nos contextos específicos. Contextualizar a formação.

> Assim como Platão, com uma inspiração principalmente geométrica, é o fundador da filosofia dialética, acadêmica, embora desenvolvida por vias não escolásticas, seu discípulo Aristóteles, com uma inspiração predominantemente naturalista, é o fundador do sistema filosófico mais poderoso do mundo antigo, arraigado nas ciências de sua época, para cujo desenvolvimento contribuiu diretamente: ciências biológicas, ciências políticas, lógica formal. Também é o criador da teologia natural e do monoteísmo filosófico, sobre o qual se apoiaram ulteriormente a teologia judaica, a cristã e a muçulmana. Nascido em Estagira (no reino da Macedônia) por volta de 384/383 a.C., motivo pelo qual também é conhecido como o Estagirita, foi discípulo de Platão durante vinte anos (entre 366-367 e 346-347).
>
> Aristóteles. *Filosofía en español*. Disponível em: <http://www.filosofia.org/ave/001/a239.htm>. Acesso em: 19 out. 2015.

São aspectos que não costumam ser levados em conta quando se analisa a formação permanente do professorado. Do mesmo modo, tampouco se enfatiza o suficiente o interesse de cada professor e professora por sua formação e por sua atualização científica, pedagógica e cultural, que não é uniforme, que difere em função da pessoa, da situação profissional, do número de anos do exercício da profissão e também das circunstâncias educativas, sociais e culturais do ambiente em que exerce sua tarefa docente. Por tudo isso, a formação permanente do professorado é uma tarefa complexa que exige propostas complexas e não raro arriscadas; embora saibamos que muitas vezes,

---

2. Significa que, se suas necessidades mais vitais não estão resolvidas, é altamente improvável que você se dedique a pensar e a dar respostas para perguntas como: o que é a educação?, como elaborar um projeto educacional?, e outras do tipo, por mais importantes que sejam. Primeiro, as necessidades vitais.

mais que estudar o contexto, se opta por copiar receitas mais ou menos validadas que geram práticas uniformes.

12.3 O que nos une e o que nos separa

É muito o que nos une no campo educacional e da formação. Por exemplo: a homogeneização de projetos: reformas, valores, projeto educacional ou institucional, finalidades educacionais etc. Os discursos teóricos sobre a formação e o desenvolvimento profissional nos unem. Para comprová-lo, basta observar o grande intercâmbio de professores em formação (cursos, conferências, doutorados, pós-graduações...) e as políticas similares: escolas de professores ou de magistério em alguns países, projetos e discursos de pesquisa-ação, preocupação com os professores recém-formados, escolas normais introduzidas nas universidades ou transformadas em escolas superiores, mudança de denominação das escolas normais, formação de assessores ou dinamizadores, uma infinidade de cursos de atualização científica e didática etc.

E um importante traço de união também importante no mundo latino é a capacidade de manter — apesar da dificuldade crescente dos últimos tempos — projetos alternativos em plataformas de grupos ou professores (movimentos de renovação, grupos de discussão, plataformas comunitárias, ONGs...), que continuam trabalhando por uma formação mais ligada ao contexto, baseada na diversidade e como elemento significativo de transformação educativa e social.

Portanto, muitos universitários, grupos de base, comunidades, professores, ONGs etc. compartilham um importante discurso transformador, em que a capacitação do professor ou da professora passa por várias condições:

- É preciso envolver os professores e professoras de educação infantil e fundamental nas políticas e nos programas de formação.
- O ponto de partida da formação deve ser o potencial de conhecimentos e experiências que os professores têm nas escolas.

É necessário partir de seus saberes, já que são capazes de gerar conhecimento pedagógico.
- É preciso realizar uma formação ligada a projetos de transformação educativa e social.
- Os programas de formação devem basear-se na participação, na reflexão e em modelos investigativos.
- Os profissionais que acompanham a formação (assessores, formadores...) devem ter um perfil prático-reflexivo que ajude a diagnosticar obstáculos para que os professores possam superá-los (não especialistas infalíveis que solucionem os problemas de outros).
- Os programas de formação devem respeitar a diversidade, amplamente considerada.
- A tarefa da formação não é capacitar um docente para transmitir saberes e estruturar uma cultura dominante, e sim estabelecer uma reflexão e uma análise para transformar a escola e colocá-la a serviço da comunidade.

E, por que não dizer?, as mesmas leituras, as mesmas fontes, pesquisas e experiências nos unem. O intercâmbio de documentos aumentou consideravelmente. E, evidentemente, a internet e as redes facilitaram também o acesso a uma cultura de formação homogênea.

Contudo, também há aspectos que nos separam, como por exemplo os investimentos econômicos em programas de formação e, sobretudo, no desenvolvimento profissional. A diferença entre a Europa e a América Latina é grande, mas também se observam diferenças significativas entre os latino-americanos.

Além disso, é interessante comprovar (mais na América Latina que na Europa) que muito do que os governos não fazem é realizado por instituições que se agrupam para se defender das agressões tecnocráticas ou de políticas de formação reprodutoras e alienantes. É o caso da Associação de Educação da América Latina e do Caribe (<http://www.aelac.rimed.cu>) ou da Rede Latino-Americana de Informação e Documentação em Educação (<http://www.eurosur.org/reduc>). Essa capacidade de se unir em redes não é tão habitual atualmente no Estado espanhol, embora se destaque cada vez mais. O intercâmbio e o diálogo entre os países latino-americanos é muito importante, e o Estado espanhol deveria unir-se a eles e aprender com esse intercâmbio.

É previsível que o futuro da formação e do desenvolvimento profissional esteja mais nas alternativas que essas organizações possam originar que nas políticas dos Estados. Isso significa que é possível — como sempre aconteceu em educação quando os processos se democratizam — que esses movimentos originem um estado de opinião que impregne o pensamento educativo e façam com que as políticas educacionais acabem introduzindo (ou fagocitando) alguns de seus postulados.

No século XXI, a América Latina e a Europa deverão continuar a lutar pela melhoria na educação de seus povos. Neste difícil esforço se encontrarão muitos professores e professoras dos dois lados do Atlântico.

JUAN CARLOS TEDESCO, autor de *Educar na sociedade do conhecimento*. Tradução de Elaine Cristina Rinaldi; Jaqueline Emanuela Christensen; Maria Alice Moreira Silva. Araraquara: Junqueira & Marin, 2006.

> Aumentar os salários dos professores, dotar as escolas de equipamentos básicos, expandir maciçamente a pré-escola e a atenção integral à criança nos primeiros anos de vida, por exemplo, coexistem com demandas para introduzir novas dimensões curriculares para equipamento moderno das escolas e para capacitar os docentes no uso e domínio dos novos campos de conhecimentos e metodologias.
>
> No entanto, é óbvio que não é possível fazer tudo ao mesmo tempo nem com a mesma intensidade. As perguntas que os responsáveis pelas decisões no setor educacional se fazem ao se deparar com essa situação de demandas generalizadas são: por onde começar? e qual é a sequência mais adequada para a mudança educacional? Embora não existam respostas únicas, é possível, porém, afirmar que durante estas últimas décadas se fortaleceu a hipótese de que a prioridade do ponto de vista das estratégias de mudança consiste em atuar sobre os modelos de gestão e administração do sistema.
>
> Juan Carlos Tedesco (1992)[3]

---

3. Juan Carlos Tedesco, pedagogo e professor universitário. Durante muitos anos esteve unido a programas e projetos da Unesco e de outros organismos internacionais.

CAPÍTULO 13

A pesquisa-ação ou o modelo investigativo de formação como desenvolvimento da qualidade educacional nas escolas

Embora a pesquisa-ação se vislumbre, há tempos, como um dos processos importantes na formação do professorado, ultimamente não se fala muito dela. Esteve em moda nos anos 1990; o tema preencheu muitas páginas e foi abordado em muitas salas de aula, mas hoje em dia não é visto como um dos temas importantes no mundo da educação. No entanto, para mim continua sendo imprescindível quando vejo a pesquisa-ação como modelo investigativo de formação docente.

No campo da formação do professorado, o interesse pelos processos de pesquisa-ação deve ser retomado por diversos motivos: a possibilidade de refletir sobre o que se faz; unir a formação a um projeto de mudança nas escolas; realizar uma formação a partir de dentro (na escola), um processo orientado para as decisões colaborativas; a necessidade de estabelecer pontes de comunicação entre os colegas; o interesse pelo desenvolvimento democrático do currículo, e a aproximação entre teoria e prática educativa, entre outros.

É importante destacar que, na pesquisa-ação, quando se transforma em modelo investigativo de formação, se pretende que o professorado passe de conhecedor e dotado da razão instrumental que lhe permite ser transformador de objetos ao entendimento entre professores e professoras capazes de linguagem e ação (Habermas, 1990).[4] Isso significa que a comunicação se converterá em premissa da deliberação coletiva para propiciar a transformação do processo educativo.

Jürgen Habermas: "O conceito de ação comunicativa refere-se à interação de, pelo menos, dois sujeitos capazes de linguagem e de ação que estabelecem uma relação interpessoal". A ação comunicativa é definida como "uma interação mediada por símbolos". A ação comunicativa dá lugar ao âmbito institucional da sociedade, em contraposição com os sistemas de ação instrumental e estratégica.

A maioria dos autores e a literatura pedagógica coincidem em atribuir a origem da pesquisa-ação aos estudos realizados por K. Lewin (que a utilizou em 1946),[5] em uma perspectiva psico-sociológica, já que

---

4. Jürgen Habermas, sociólogo e filósofo alemão. Sua obra constitui um ataque radical à ideia de que o positivismo, a ciência e a pesquisa modernas são de alguma forma objetivas. Na opinião dele, a ciência e a tecnologia são regidas por valores e interesses que às vezes contradizem a busca desinteressada da verdade. Afirma que a tecnologização da sociedade e o consequente crescimento da burocracia serviram, entre outras coisas, para perpetuar as instituições do Estado e despolitizar os cidadãos. Considera que isso não é necessário e imagina um futuro em que a razão e o conhecimento trabalhem em prol de uma sociedade melhor.

5. Lewin, Kurt. Action research and minority problems. *Journal of Social Issues*, v. 2, n. 4, p. 34-46, 1946.

defendia a pesquisa básica ressaltando a aplicação prática. Permaneceu suspensa, pelos grandes avanços da ciência positiva, até a década dos anos 1970, quando renasceu com força em todas as ciências sociais e humanistas. K. Lewin estabelece as bases da pesquisa-ação a partir da teoria da personalidade[6] e da teoria de campo,[7] em uma relação teórico-prática que incide na ação sobre determinados fatos. Quer analisar qual é a situação presente, quais são os problemas urgentes e o que é e como deve ser feita. E isso incomodava a pesquisa positivista e empírico-analítica.

KURT LEWIN, psicólogo polonês nacionalizado estadunidense (1890-1947). Seu lema era: "Nada é mais prático que uma boa teoria". É considerado o pai da pesquisa-ação.

A concepção lewiniana da pesquisa-ação exige a presença de três características ainda vigentes: deve ser levada a termo em colaboração com os sujeitos estudados (participação); não deve ser realizada no

---

6. Não existe uma teoria unificadora da personalidade, mas todas tentam dar uma explicação dos processos e características psicológicas fundamentais que podem ser encontrados na natureza humana para descrever os fatores que, em seu conjunto, fazem o indivíduo, com o objetivo de compreender seu comportamento e tentar prevê-lo. No caso de Lewin, o entorno da pessoa é causa de seu comportamento.

7. A teoria do campo afirma que as variações individuais do comportamento humano em relação à norma são condicionadas pela tensão entre as percepções que o indivíduo tem de si mesmo e do ambiente psicológico em que se situa, o espaço vital. É impossível conhecer o comportamento humano fora de seu entorno, de seu ambiente.

laboratório (envolvimento e democracia), e antes e depois de seu desenvolvimento é preciso constatar as atitudes e comportamentos dos indivíduos (mudança individual e social). Portanto, as práticas de pesquisa-ação devem ter um caráter sempre participativo, um impulso democrático decidido pela maioria e uma contribuição para a mudança educativa e social. Mas não podemos nos esquecer de que a pesquisa-ação terá como finalidade uma função de construção do conhecimento, um papel crítico diante da chamada ciência tradicional, uma função de mudança social e de formação. A crítica, a mudança e a formação serão os três vértices do triângulo da pesquisa-ação.

Mas talvez as fontes anteriores[8] da pesquisa-ação no campo educacional sejam devidas a John Dewey (um autor cuja leitura se torna necessária para vencer o preconceito, o dogmatismo, a monotonia e a falsa liberdade),[9] sobretudo em sua obra de 1929, *Sources of the science of education*. Nela aparecem suas ideias sobre o caráter democrático da educação, a aprendizagem na ação, na necessidade de envolvimento dos professores nos projetos de pesquisa e o pensamento reflexivo e crítico. Para Dewey (1938), os problemas básicos da pesquisa são estabelecidos pelas "próprias situações sociais reais que são conflituosas e confusas".

Pode-se correr o risco de ver a pesquisa-ação como uma simples metodologia asséptica. Mas ela vai além disso, já que deveria ser uma reconceituação profunda da relação entre teoria e prática educacional e a base da pesquisa dos professores nas escolas sob uma perspectiva de mudança. Neste enfoque situamos a pesquisa-ação, na formação do professorado como processo de maior autonomia e colaborativo. Esta característica de revolução interna começando pela base é a que

---

8. Também há referências em John Howard (1726-1790) ou Charles Booth (1840-1916).

9. John Dewey foi o filósofo norte-americano mais importante da primeira metade do século XX. Desenvolveu uma filosofia que defendia a unidade entre a teoria e a prática. Seu pensamento se baseava na convicção moral de que "democracia é liberdade", e por isso dedicou toda sua vida a elaborar uma argumentação filosófica para fundamentar essa convicção e a trabalhar para levá-la à prática. A escola, para Dewey, é concebida como reconstrução da ordem social; o educador é um guia e um orientador dos alunos.

se introduz nos últimos anos na formação do professorado em algumas experiências tanto da Espanha como de países latino-americanos, a partir da reflexão e da pesquisa sobre a própria prática educacional e para ela.

> A reflexão não implica tão somente uma sequência de ideias, mas uma consequência, isto é, uma ordenação sequencial das ideias na qual cada uma delas determina a seguinte como seu resultado, enquanto cada resultado, por sua vez, aponta e remete àquelas que o precederam (John Dewey, 1998, p. 22).

 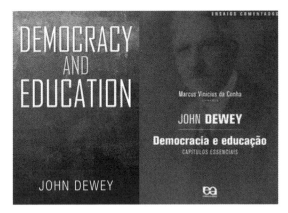

John Dewey (1859-1952). Sua obra em edição inglesa de 1930 e a brasileira, publicada em 2007, contendo seus capítulos essenciais.

13.1 A pesquisa-ação como processo e ferramenta de formação do professorado

A pesquisa-ação, ou o modelo investigado no processo de formação, é um poderoso procedimento para a formação do professorado graças à ação colaborativa que implica e ao trabalho em equipe para alcançar metas que beneficiem a todos, mediante o qual os professores orientam, corrigem e avaliam seus problemas e tomam decisões para melhorar, analisar ou questionar a prática social e educacional. Partindo do pressuposto de que os professores se formam e se desenvolvem quando adquirem um maior conhecimento da complexa situação em que seu ensino se desenvolve, eles devem unir, em um amálgama, teoria e prática, experiência e reflexão, ação e pensamento. Os processos de pesquisa-ação os ajudarão, já que se fundamentam na capacidade do professorado de formular questões problemáticas sobre sua própria prática e estabelecer objetivos que tratem de responder a tais questões.

A pesquisa-ação tem a possibilidade de comprometer e transformar o conhecimento dos professores e professoras pesquisadores de si mesmos, instando-os diretamente a reconstruir e a transformar sua prática cotidiana e, além disso, a teorizar e revisar permanentemente seus processos educacionais. É uma forma democrática de pesquisa que é realizada pelos "práticos" e a partir da prática, na qual todos os atores participam igualmente e se comprometem em cada uma das fases da pesquisa, porque se comunicam entre si com uma relação simétrica e aceitam a diversidade de pontos de vista e de tomadas de decisões. A pesquisa-ação possibilita, em um âmbito de política de colaboração, formar-se em novas habilidades, métodos e potencialidades analíticas, e motivar e aprofundar sua consciência profissional, assumindo alternativas adicionais de inovação e comunicação.

É uma pesquisa em um terreno que dificilmente pode isolar variáveis, mas trabalha com situações problemáticas educacionais. A pesquisa tentará levar em conta as práticas educacionais do professorado situadas em determinado contexto socioeconômico e educativo com uma clara intenção de transformação social e educacional, o que comporta uma nova forma de ver o conhecimento e a educação. O professorado está envolvido na pesquisa sobre a prática.

Contudo, não podemos negar a dificuldade dos professores no momento de planejar a pesquisa que deve ser realizada sobre a prática. Surgem problemas que dão lugar a obstáculos para levar a termo processos de pesquisa-ação como a ausência de um clima de comunicação nas escolas e a falta de tolerância profissional em muitas instituições educacionais, a falta de ligação entre a formação e um projeto institucional global de inovação, assim como o apoio institucional, voltado para projetos mais dirigistas, mais técnicos e menos transformadores.

No entanto, embora precisem ser levadas em conta, tais barreiras não devem nos impedir de aplicar a pesquisa-ação na formação. Trata-se de uma poderosa ferramenta de mudança que ajuda a definir, analisar, interpretar, orientar, corrigir, mudar e avaliar os próprios problemas profissionais para um autodesenvolvimento crítico e uma autonomia profissional. Além disso, favorece o desenvolvimento de instrumentos intelectuais que facilitam as capacidades reflexivas sobre a prática docente e o desenvolvimento da necessidade de um conhecimento mais profundo da própria prática para construir e formular alternativas de ação educacional. Conhecer será compreender a intencionalidade e os significados atribuídos pelo ator aos seus próprios atos e às situações que o afetam.

Em resumo, a pesquisa-ação, como modelo investigativo de formação, pode ser considerada um conjunto de atividades formativas úteis para propiciar o desenvolvimento do currículo e a inovação educacional. Além disso, também não podemos nos esquecer de que um de seus principais objetivos é obter a autoavaliação (e a autonomia) dos professores, que indica qual é realmente sua situação e qual deveria ser. Pode ajudar a estabelecer processos de pensamento e reflexão e a assumir a dimensão propriamente intelectual do professorado, tão reivindicada nas últimas décadas.

CAPÍTULO 14

Redes do professorado e de formação para uma educação de qualidade. O futuro já presente

Uma das finalidades da educação é a busca de alternativas para fazer com que uma escolarização mais democrática e de melhor qualidade chegue a toda a população. Embora as leis, as diretrizes e a estrutura social tenham sua importância nisso, é preciso reconhecer que o professorado e a comunidade educacional exercem um papel fundamental. A escola considerada como instituição (dizemos inclusive instituição "educacional") sempre foi uma organização adequada à modernidade, época em que se generalizou. Mas agora é hora de falar de prática formativa e de estabelecer redes entre as comunidades.[1]

Não é de admirar que no século XXI se procurem alternativas de mudança. As comunidades de prática entre o professorado são uma boa alternativa, já que permitirão o estabelecimento de intercâmbios mediante redes de diferentes comunidades de professores e professoras.

---

1. Para diferenciar entre comunidade, instituição, organização e redes, ver: FERNÁNDEZ ENGUITA, M., 2008.

14.1 Comunidade de prática e de prática formativa do professorado?

Hoje em dia não se pode falar de educação do futuro sem falar da importância das redes educacionais. As redes (ou seja, as relações entre pessoas, grupos e instituições, mas com características especiais) são um mecanismo mediante o qual se criam alianças e se geram espaços de intercâmbio dinâmico entre pessoas, grupos e instituições de diferentes lugares do mundo, com objetivos claros e comuns. Isso será fundamental no desenvolvimento de uma melhor educação para todos. Mas que diferença existe entre uma comunidade (com todos os seus qualificativos, termo que se estendeu à educação do século XX), uma organização educacional, um grupo de professores, um movimento, uma equipe de renovação ou inovação pedagógica etc., e uma rede?

Para o sociólogo polonês ZYGMUNT BAUMAN, a "fluidez" ou a "liquidez" são metáforas adequadas com as quais é possível explicar a nova história da modernidade. Em *Modernidade líquida*, o autor deslinda cinco conceitos básicos da narrativa tradicional (emancipação, individualidade, tempo/espaço, trabalho e comunidade) e tenta explicar o estado mutável da condição humana na atual sociedade capitalista: "Os sólidos conservam sua forma e persistem no tempo: duram, ao passo que os líquidos são informes e se transformam constantemente: fluem. O mesmo acontece com a desregulação, a flexibilização e a liberalização dos mercados".

Os grupos primários eram próprios da sociedade tradicional; as organizações o foram da modernidade; as redes o são da pós-modernidade ou da modernidade adiantada, reflexiva, líquida, dependendo do autor que a qualifica. A rede leva a uma noção de espaço compartilhado por um conjunto de pessoas onde se encontram ferramentas que fortaleçam a interação entre elas. Por isso, as redes educacionais, para além dos movimentos (às vezes verdadeiras comunidades de prática tal como estão organizados) e das associações de professores, alunos ou pais, representam uma mudança qualitativa em relação às organizações, uma vez que estão mais bem adaptadas às mudanças em uma sociedade global como a de hoje. Os problemas globais exigem soluções globais que dificilmente poderiam ser proporcionadas por organizações profissionais segmentadas e menos ainda por organizações profissionais fechadas. Portanto, as redes permitem mobilizar uma grande quantidade de conhecimento e se adaptam melhor à situação do mundo atual, repleto de diversidade, complexidade, mudança e incerteza, como vimos ao longo deste livro.

Uma comunidade de prática é um grupo constituído com o objetivo de desenvolver um conhecimento especializado. O termo não pode ser equiparado ao que denominamos comunidade científica,[2] pois sua finalidade é informar e transmitir experiências e compartilhar aprendizagens baseadas na reflexão (atualmente se une ao conceito de gestão do conhecimento ou prática reflexiva).

Neste caso, o processo de formação se dá através da intensa participação de um grupo de indivíduos que se consideram especialistas no tema objeto de conhecimento. Em nosso caso, costumam ser professores e professoras, embora outros agentes educacionais ou sociais possam ser incorporados. O próprio grupo estabelece os objetivos e decide em que se deseja formar. Os componentes sempre são selecionados no contexto da prática, isto é, a formação acontece a partir de dentro, do lugar em que se gera a prática de trabalho.

De acordo com Wenger (2001), os requisitos de uma comunidade de prática são o compromisso mútuo, uma tarefa conjunta e um repertório compartilhado (criação de recursos para compartilhar significados). A autora nos dirá: "A experiência de conhecer não é menos única, menos criativa e menos extraordinária por ser uma experiência de participação" (p. 76).

Do meu ponto de vista, uma comunidade prática se produz quando o conjunto dos docentes trocam processos educacionais ou comentários sobre temas relativos à educação. E se acrescento formação, uma comunidade de prática formativa acontece quando o con-

---

2. Embora não impeça que a escola e seus professores possam investigar sobre sua prática, como expusemos no capítulo anterior.

junto de professores se reúne com a finalidade de um processo de formação, tanto para uma pesquisa, como para realizar um projeto ou trocar experiências sobre determinado tema. Desse modo, a comunidade de prática formativa seria um grupo de professores e professoras que refletem e aprendem mutuamente sobre sua prática e trocam informação e experiência. Neste caso, a aprendizagem entre iguais adquire uma importância decisiva e todos desempenham um papel muito ativo na construção e reelaboração de normas, de processos, de valores, assim como no estabelecimento de regras que facilitem a relação educacional entre eles, entre os alunos e entre todos os membros da comunidade. Por outro lado, estimula-se o respeito pelo diferente. Por esse motivo adquire muita importância o que repetimos ao longo deste livro: a tolerância profissional, porque sem ela é difícil formar-se na escola.

No entanto, uma finalidade importante de uma comunidade de prática formativa na escola seria construir um projeto educacional na qual prevaleça uma formação baseada na cooperação e na solidariedade, a partir não tanto das fraquezas, e sim das forças que cada um e a escola em seu conjunto possuem. Tal projeto deveria ser construído com base na ideia de que os recursos que a comunidade de prática do professorado possui devem ser avaliados e articulados levando em conta as necessidades e possibilidades específicas do grupo para a melhoria da escola.

Os efeitos de natureza social e afetiva que se geram no interior da comunidade são extraordinariamente importantes para o professorado, porque incidem em sua própria autoestima e identidade (atualmente tem mais importância que em outras épocas) e porque reduzem o impacto que possa ter sobre ele determinada ação educativa ou institucional que venha de fora.

Mas uma comunidade de prática formativa implica uma importante transformação nas relações de poder da escola. Isso acontece porque se torna imprescindível que a organização e as estruturas de gestão se submetam às prioridades definidas pela comunidade e aos objetivos e tarefas propostos por todos.

As comunidades de prática

São grupos de pessoas que compartilham um interesse, uma problemática específica ou simplesmente uma paixão por algum tema particular, e que aprofundam seu conhecimento e experiência nesse tema pela interação com outras pessoas de forma contínua e ininterrupta.

Princípios básicos:
- Sua finalidade é informar e transmitir experiências práticas, compartilhando aprendizagens baseadas na reflexão compartilhada sobre experiências práticas.
- Todos têm algo a ensinar e todos têm algo a aprender.
- O sucesso de uma pessoa é o sucesso das demais, e apenas a colaboração e a participação ativa permitirão a resolução dos problemas comuns.
- Os componentes se ajudam mutuamente para resolver um problema ou levar adiante uma ideia ou um projeto.
- Deve haver uma coordenação que desempenhe um papel de facilitador para unir-se e estabelecer relações de confiança.
- Todos se sentem reconhecidos.

As comunidades de prática formativa

Uma finalidade importante da comunidade formativa seria a construção de um projeto educacional privilegiando a cooperação e a solidariedade e a partir dos pontos fortes que a escola possui, levando em conta que os recursos da instituição devem ser avaliados e articulados para criar o projeto que parta das necessidades e possibilidades específicas do grupo. Podemos dizer que, em uma comunidade formativa de professores e professoras, embora a comunidade que envolve a instituição participe, o protagonismo é assumido pelo professorado.

As comunidades de aprendizagem

Tal como têm sido definidas, fortalecem a escola inclusiva com um projeto educacional aberto à participação de todos os agentes vinculados com a escola. Enfatiza-se especialmente o fomento de uma participação de todos os

> agentes da comunidade que intervêm na educação das crianças e se promovem os princípios de funcionamento democráticos.
> Propõe-se uma escola onde se interage com o contexto; privilegia-se o diálogo, a participação, a cooperação e a solidariedade entre os que constituem a comunidade de aprendizagem com o objetivo de melhorar a educação das crianças.
>
> Elaboração do autor com base em WENGER, E. *Comunidades de práctica*: aprendizaje, significado e identidad. Barcelona: Paidós, 2001.

14.2 Da comunidade às redes entre o professorado

A escola como comunidade de prática e de prática formativa se abre para outras comunidades e surgem as redes, que dão a possibilidade de ter novos instrumentos e, sobretudo, iniciam o uso das ferramentas tecnológicas.[3] Em outras palavras, se passa de uma estrutura mais linear (eu me relaciono com o colega vizinho) para outra mais complexa, hoje facilitada pelas TIC[4] (eu posso me relacionar com todos ao mesmo tempo). Isso significou um grande salto na comunicação e no intercâmbio social e educativo sem fronteiras (Hanneman e Riddle, 2005). É o que se denomina conectivismo, ou seja, um processo de formação e aprendizagem entre pessoas conectadas entre si, que encontramos quando queremos.

---

3. A web 2.0, descrita por Tim O'Reilly em 2004, ajudará esse desenvolvimento por sua capacidade de serviços colaborativos e de intercâmbio. Hoje se começa a falar da web 3.0 como desenvolvimento da inteligência artificial.

4. "Implica um processo de construção tanto individual como coletiva. É um sistema aberto, multicêntrico, que, através de uma troca dinâmica entre os integrantes de um grupo (famílias, equipe de trabalho, bairro, organização, centro comunitário, entre outros) e com integrantes de outros grupos, possibilita o fortalecimento inovador dos recursos que têm e a criação de novas alternativas para a resolução de problemas e a satisfação de suas necessidades. Cada membro do grupo se enriquece através das múltiplas relações que cada um dos outros desenvolve, otimizando as aprendizagens na medida em que estas são socialmente compartilhadas" (Elina Dabas, 1998).

O **conectivismo** é uma teoria do conhecimento e da aprendizagem, desenvolvida por George Siemens e ampliada por Stephen Downes, que procura descrever como se produz a aprendizagem do ser humano em contato com a internet e as redes sociais.

A aprendizagem é um processo de formação de redes que tem como agente principal o próprio indivíduo. Os nós que utiliza para criar essa rede são entidades externas: pessoas, organizações, bibliotecas, *sites*, *blogs*, *wikis*, livros, revistas, bases de dados etc. O ato de aprender consiste em criar uma rede externa onde os nós se conectam para dar forma a uma complexa fonte de conhecimento.

Os princípios do conectivismo são:
- **Discussão e diversidade na aprendizagem**. A aprendizagem e o conhecimento requerem diversidade de opiniões para apresentar o todo e permitir a seleção do melhor enfoque.
- **Definição de aprendizagem**. A aprendizagem é um processo de formação de redes entre nós especializados conectados ou fontes de informação.
- **Conhecimento fora do indivíduo**. O conhecimento pode residir em redes.
- **Tecnologia que facilita a aprendizagem**. O conhecimento pode residir em aplicações não humanas e a aprendizagem é ativada ou facilitada pela tecnologia.
- **Capacidade de buscar o conhecimento**. A capacidade de saber mais é mais importante que o que se sabe no momento.
- **Continuidade da aprendizagem**. Aprender e conhecer são processos contínuos em curso (não estados definitivos ou produtos).
- **Capacidade de estabelecer conexões**. A capacidade de ver as conexões e reconhecer padrões e encontrar o sentido entre campos, ideias e conceitos básicos é a habilidade central das pessoas hoje em dia.
- **Necessidade de estar atualizado**. A atualização (conhecimento atualizado e exato) é o propósito de todas as atividades conectivistas de aprendizagem.
- **Aprender é tomar decisões**. A escolha do que aprender e o significado da informação recebida são vistos através da lente de uma realidade de mudança constante. Uma resposta correta agora pode estar equivocada amanhã.

Algumas críticas ao conectivismo são as seguintes:
- **Estrutura caótica**. A teoria do conectivismo não mostra uma estrutura simples e linear de suas ideias básicas. Parece algo intencional e inspirado em seu conceito de caos.

- **Teoria pedagógica.** Em vez de explicar como as pessoas aprendem, concentra a maioria dos esforços em descrever o que se aprende e por que se aprende. Esta perspectiva é mais pedagógica que psicológica. Por isso não pode ser considerada uma autêntica teoria da aprendizagem.
- **Visão tecnológica.** Refere-se sempre a uma aprendizagem em constante contato com a internet e com as redes sociais. Não contempla outros ambientes mais desfavorecidos tecnologicamente, mas reais e ainda muito presentes na escola atual. Para estes casos, parece que as teorias clássicas da aprendizagem são suficientes: condutivismo, cognitivismo e construtivismo.
- **Mais baseado na aprendizagem informal e volátil.** Concentra-se demasiadamente na educação informal e nos conhecimentos de curta duração. Sua aplicabilidade é escassa em conhecimentos mais estáticos, mais elementares e em âmbitos de aprendizagem mais formais. A conexão de conhecimentos exige uma bagagem básica prévia do aprendiz.
- **Pouca análise da formação em valores.** Não se analisa detalhadamente a formação em valores associada ao uso das redes sociais. Este fator é crítico entre os alunos jovens.

Ideas prácticas del conectivismo. Disponível em: <http://canaltic.com/blog/?p=800>. Acesso em: 20 out. 2015.

As redes podem expandir o trabalho das escolas e o intercâmbio entre profissionais. E podem, por sua vez, ampliar elementos importantes na formação do professorado como:

- o fortalecimento da reflexão crítica das políticas e atuações das administrações educacionais (não ser tão vulneráveis ao ambiente político);
- a vinculação e o conhecimento de práticas inovadoras e o desenvolvimento da cultura democrática da escola;
- a formação crítica do professorado;
- a participação em redes socioeducacionais e a abertura para movimentos sociais;
- compartilhar e discutir os objetivos da renovação e da inovação educacional da escola e de outras escolas;
- repensar novos modelos colaborativos de trabalho;
- buscar apoio para reuniões temáticas.

A potencialidade das redes de professores e professoras se apoia em um fato cada vez mais reconhecido: a inovação, a geração de novos conhecimentos e a aprendizagem não constituem necessariamente um processo de planejamento individual, nem unicamente institucional. Também são o resultado de uma interação social e educativa, da colaboração entre seus membros e entre profissionais que atuam no mesmo contexto ou em ambientes diferentes. E isso é fundamental.

As redes educacionais entre o professorado podem obter, além disso, relações democráticas, com um funcionamento estratégico que vincule e relacione atores educacionais e sociais pertencentes a uma coletividade para responder aos problemas e demandas da comunidade educacional e de seu entorno. E isso não se alcança com sistemas organizacionais rígidos. Ao contrário, são necessárias grandes doses de flexibilidade e tolerância. Todos podem contribuir com alguma coisa. As portas das redes precisam estar bem abertas. No futuro, a inovação educacional e a formação do professorado ocorrerão nesses grupos de pessoas que trocarão propostas, debates, experiências, documentação etc., e que contribuirão para que a educação avance a um ritmo mais rápido, com mais experiências e intercâmbio e com uma maior democracia e equidade.

> Hoje dispomos de alguns desses recursos pelas possibilidades fornecidas pelas TIC. O aparentemente paradoxal continua a ser, não obstante, o uso que damos a elas e a atitude passiva que adotamos, deixando que outros atuem enquanto olhamos. É verdade que essa atitude é promovida e alimentada, mas nunca como agora a informação foi tão livre, tão fluida e global.
>
> Sentimo-nos envolvidos em redes virtuais, que situam nosso contexto relacional em outra dimensão; consideramo-nos enredados em mecanismos de encadeamento que nos são alheios, que não controlamos e que até fazem com que nos sintamos usuários de um suporte do discurso mais economicista e não solidário do momento; no entanto, não temos consciência de que temos a possibilidade de configurar a "massa crítica" suficiente para nos fazer ouvir. Podemos contribuir para a mudança da compreensão geral da realidade e, portanto, para a análise daqueles interesses mais particulares e "mesquinhos" que nos impedem de avançar.
>
> Nosso desafio é desenvolver a construção de uma maneira diferente de relação com a informação que nos torne livres, como sociedade e como cidadãos.

Por sorte, a internet nos oferece a tecnologia e o meio de que necessitamos. As atuais TIC permitem que os cidadãos configurem redes suficientemente amplas de pessoas interessadas por um assunto, com custos próximos de zero, sem as antigas restrições de espaço, tempo, informação, custos... Prova de tudo isso são os milhares de tentativas de limitar essa possibilidade.

Neste caminho de reconstrução de nossas relações com as TIC e com o poder, as redes horizontais de difusão da informação e elaboração de conhecimento se convertem em um recurso imprescindível. Elas nos permitem abordar, com outra perspectiva de maior envergadura política e social, a inovação e a melhoria de nosso sistema educacional com um processo diferente de aprendizagem escolar e de desenvolvimento profissional.

Parte do texto da exposição básica do III Congresso de Redes de Inovação Educacional: *Inovar para transformar a educação*, realizado em Ávila em novembro de 2011.

CONCLUSÃO

O que está acontecendo hoje em dia?

Talvez pareça uma frase feita, mas esta não é uma boa época para a educação. A educação está sempre no alvo da sociedade; projetam-se muitas expectativas sobre ela, embora muitas vezes isso não passe de retórica. No entanto, surgiu a crise econômica, e em vez de cortar benefícios, bônus aos diretores de bancos, aviões de combate, exércitos, dietas de políticos, carros oficiais, aperitivos, celebrações, propaganda etc., decide-se cortar em educação. É difícil entender por quê. Talvez porque se trata de um setor fraco por ser quase sempre um setor público; ou talvez porque tem atrás de si um grupo profissional muito numeroso e qualquer corte, por menor que seja, atinge um cifra considerável; ou porque, no imaginário social, ainda é uma profissão fácil, confortável, com muitas férias, e os políticos consideram que os "eleitores" não se voltarão contra eles. Se, além disso, impera o neoconservadorismo, a situação é ainda pior.

> Os neoconservadores acreditam em um Estado forte, com um forte controle sobre o conhecimento, a cultura e as mulheres, sobretudo um controle sobre a mulher. Para tanto, é preciso ter um currículo nacional e exames nacionais; é preciso controlar o conhecimento público. É a ética da restauração. É voltar ao Éden: "Era uma vez uma cultura comum, um idioma comum...".
>
> Qualquer conceito de ideia comum é algo imposto; para efeitos de retórica, temos de restaurar aquilo que se supunha ser o espanhol, ou então o que significa ser americano.

> Esta nova direita parece ter entendido Gramsci muito melhor que os outros. Podemos interpretar esse fenômeno como se se tratasse de um guarda-chuva, sob o qual há muitas pessoas que pensam que está chovendo fora. Além disso, muitas delas concordam que as escolas e os sistemas escolares são muito burocráticos, que existem problemas com a violência na sociedade, que estamos sofrendo uma crise econômica... Neste sentido, tanto da direita como da esquerda, pode haver certa coincidência sobre determinados temas, como a afirmação de que existem problemas importantes na educação. Muitos pais e muitos cidadãos também pensam assim. E a direita age deste modo: "Entendo o seu problema...". E tenta aproximar as pessoas para que se refugiem sob seu guarda-chuva. E como ocorre com qualquer guarda-chuva, sempre há alguém — um grupo, neste caso — que o mantém bem seguro pelo cabo.
>
> APPLE, Michael W. *Argumentando contra el neoliberalismo y el neoconservadurismo: luchas por una democracia crítica en educación*. Conferência pronunciada no Salón de Actos del Centro de Profesorado de Sevilla em 20 de dezembro de 2003, como parte do ciclo de conferências *Otra escuela: análisis y alternativas críticas en educación*. Disponível em: <http://www.redes-cepalcala.org/inspector/DOCUMENTOS%20Y%20LIBROS/EDUCACION-SOCIEDAD/ConferenciaApple.doc>. Acesso em: 20 out. 2015.

E ninguém pensa nas consequências a médio e longo prazo. É muito difícil construir um edifício sólido, bem estruturado, eficiente, mas basta uma má decisão política para demoli-lo, e depois é impossível recompor os fragmentos e voltar a colá-los. A quantia que os governos de plantão pretendem poupar agora (quantia que eles desperdiçaram) não será suficiente para "compensar" os danos causados por um sistema educacional deficiente (na compensação, acredita-se que as pessoas pertencentes a minorias étnicas crescem em ambientes familiares e sociais nos quais não têm possibilidades de adquirir as habilidades cognitivas e culturais requeridas para funcionar com sucesso na escola, e que precisam ser "recuperadas" de seu déficit sociocultural por programas compensatórios. Por isso o termo deve ser abolido da linguagem educacional). O mais curioso é que combater o "fracasso escolar" aparece como uma prioridade dos governos, de todos os governos. E como isso será possível com menos recursos e com professorado desmotivado? Todo o mundo concorda que uma melhor educação tem clara repercussão na convivência e na tolerância, supõe uma maior qualidade de vida dos cidadãos e tem um impacto evidente na economia produtiva, o que é motivo de grande preocupação para os que tomam decisões políticas.

Em um interessante relatório da Unesco,[1] encontramos a seguinte frase: "Para melhorar esta situação, é imprescindível que se adotem políticas que propiciem a contratação de docentes, que garantam sua situação profissional e que lhes permitam adquirir uma formação de qualidade". Alguns políticos têm uma rara habilidade digna de louvor: consideram feitas as coisas que foram apenas enunciadas; consideram resolvido um problema apenas porque disseram que vão enfrentá-lo, sem esperar para comprovar o sucesso das medidas tomadas, sem apresentar posteriormente relatórios que avalizem essas medidas. Enfim, é o paradoxo da política educacional dos dias de hoje: deseja-se obter uma melhor qualidade da educação diminuindo o investimento, reduzindo a formação permanente e o número de professores e professoras, entre outras coisas.

Falamos de professores e professoras, vítimas ou culpados?

De acordo com dados internacionais (OIT), há no mundo aproximadamente 60 milhões de professores e professoras; e segundo o estudo da Unesco citado, para garantir a educação básica universal dos atuais 115 milhões de crianças sem acesso à educação, em 2015 serão necessários mais 18 milhões de professores de educação infantil e fundamental (metade dos quais na África subsaariana). Mas não é apenas nos países em via de desenvolvimento que há mais necessidade de docentes. De acordo com o mesmo relatório, a Espanha precisará aumentar o número de professores de seu sistema educacional em cerca de 23.000 para o ano de 2015. E não estão dispostos a isso.

---

1. Realizado pelo Instituto de Estatísticas da Unesco (UIS) com o título *Professores e a qualidade da educação: avaliação das necessidades globais para o ano de 2015*. O relatório informa que serão necessários mais 18 milhões de professores na próxima década para cumprir o compromisso de que as crianças cresçam alfabetizadas, tal como se postula nos *Objetivos de desenvolvimento do milênio*. O relatório avalia como a quantidade de professores afeta a qualidade da educação e explora meios para que os países em desenvolvimento melhorem o acesso universal à educação básica, um dos principais objetivos de desenvolvimento do milênio.

Também não podemos nos esquecer de que, em muitos países, 79% do professorado vive abaixo do limiar da pobreza, o que significa que, para sobreviver, precisam trabalhar em diversos lugares ou em vários turnos escolares. Não é o caso da Espanha, onde, de acordo com os dados atuais,[2] no ensino básico e no fundamental o salário é superior à média da União Europeia, embora leve mais anos para atingir um bom salário (o fato de se pagar pouco ao professorado na Europa não indica que na Espanha se ganhe muito). E, por outro lado, também trabalham mais horas em relação à média dos países da União Europeia. Seja como for, sabemos que receber mais e dedicar mais horas ao trabalho não corresponde necessariamente a um melhor trabalho. Neste sentido, é muito mais crítico quando o salário não é suficiente nem para a "cesta básica", como é o caso do professorado de muitos países em outros continentes. Mais adiante analisaremos como, mesmo com professores e professoras bem remunerados, trabalhando mais, com alunos com mais horas letivas, a Espanha tem um alto índice de fracasso escolar. Isso merece uma reflexão mais profunda que os meros números estatísticos.

Ao mesmo tempo, é recomendável evitar a fuga de professores e professoras (algum motivo haverá para muitos abandonarem a profissão ou estarem "cansados"). Precisam estar mais preparados, é preciso manter "os bons" no sistema e estabelecer incentivos para promover o acesso ao magistério. Citam como exemplo a Finlândia ou a Coreia, que são contextos muito diferentes. Boas intenções que podemos encontrar em muitos discursos, mas que são palavras vazias e não decisões nem práticas políticas.

Apesar de todos os avisos, das afirmações sobre a importância do professorado, a tendência é reduzir essa classe; ou seja, é criar um ambiente profissional não propício para a melhoria da qualidade da educação e que não permitirá combater o fracasso. Terá conquências na finalidade da educação, na aprendizagem e na educação das crianças e dos adolescentes? Eis o problema que temos de analisar.

---

2. MINISTÉRIO DA EDUCAÇÃO. *Panorama de la educación. Indicadores 2011.* Madrid, set. 2011.

Falemos das consequências das políticas governamentais erráticas

O primeiro pensamento que surge é que a educação não é importante para muitos políticos, que o fervor deles ao descrever os benefícios da educação a médio e longo prazo é falso. O mesmo acontece com suas declarações de amor pelos professores, que na verdade apenas ocultam a ideia de que estes viveram até agora em um limbo educacional e que o tempo deles acabou. Em suma, nem a educação nem os professores recebem o tratamento que merecem. Falar tanto de relatórios como o Pisa, estabelecer a Finlândia ou a Coreia como modelos, brandir as estatísticas da OCDE; falar tanto do professorado como recurso importante da sociedade, da urgência de reduzir o fracasso... e, em pouco tempo, a desculpa da crise transforma tudo isso em um discurso vazio e irritante. Para onde vamos? Que papel queremos interpretar no século XXI?

Os mais afetados serão os alunos em situação de risco social, membros das classes mais desfavorecidas, cuja maioria se concentra na escola pública. Se se reduzir o investimento em educação, a médio prazo haverá um aumento da pobreza econômica e social, do desemprego e da marginalização. Se o "gasto" por aluno diminuir e se reduzir o quadro do professorado nas escolas (e mais nas áreas de baixa renda), o fracasso escolar aumentará, por mais que do professorado se esforce.

Por outro lado, existe uma correlação evidente entre o nível de educação e a prestação de serviços sociais e econômicos. Os salários da população crescem em função do nível educacional alcançado e, portanto, esse é um fator de desenvolvimento da economia. De acordo com a OCDE, na próxima década apenas cerca de 15% dos empregos serão de baixa qualificação. Portanto, com o passar do tempo, o não investimento em educação implicará uma maior taxa de desemprego, uma maior quantidade de recursos dedicados a níveis assistenciais e um menor comprometimento social e cívico (e, sem pretender ser alarmista, um mais que provável aumento da criminalidade e da marginalização). Basta olhar um mapa e analisar a relação entre o investimento dos diferentes países em educação (e em P + D + I)[3] e seu nível de desenvolvimento e de convivência social. A educação muda as pessoas, melhora a coesão social, influi na qualidade de vida e na saúde e é uma fonte de satisfação. O que em dado momento não se investe em educação talvez deva ser investido posteriormente em mecanismos de assistência social ou de repressão social.

Uma educação em crise e um professorado sobrecarregado por um excesso de trabalho implicarão, a médio prazo, altos custos para a sociedade. Como repercussão imediata, levam a um sistema educacional que pode atingir altas cotas de ineficiência, pelos baixos níveis de rendimento[4] e pelo alto índice de fracasso escolar. Em vez de avançar, essa política errática parece própria do caranguejo; caminhamos para trás, retrocedemos, destruímos o que custou tanto edificar.

Como diz o relatório do Ministério da Educação espanhol mencionado anteriormente, analisando os indicadores da OCDE de 2011, "os investimentos em educação geram importantes recompensas econômicas em todos os países". Então, o que estamos fazendo?

O que está acontecendo? Por que alguns políticos não dizem a verdade?

Ao analisar as declarações dos responsáveis políticos é fácil perceber que eles mentem sobre os cortes na educação. Ou utilizam patéticos eufemismos. Recuso-me a escrever aqui a conhecida sentença do coxo e do mentiroso, mas quando os meios de comunicação reproduzem o que dizem certos responsáveis políticos para justificar os cortes (para eles, é apenas um gasto) no investimento em educação, chega-se a pensar que não têm consciência do tempo em que vivemos, ou que

---

3. Pesquisa, Desenvolvimento e Inovação (geralmente indicados pela expressão PD&I).
4. Na Europa, 40% dos professores apresentam indicadores clínicos de estresse.

temos consciências diferentes. Não quero dizer que quando não existiam telefones celulares, redes sociais, correio eletrônico, internet, os cidadãos engoliam essas mentiras por ignorância ou por falta de capacidade de confrontá-las com a realidade, mas atualmente é muito fácil comprovar que o que dizem não se adequa à realidade ou que, no mínimo, eles a distorcem e manipulam. Se conhecessem o professorado, saberiam que são pessoas socialmente comprometidas e que talvez aceitariam algumas verdades e alguns argumentos construtivos; que contribuiriam para sair desta crise. Mas o caminho que se escolhe apenas consegue exacerbar e indignar tanto os professores como as professoras. Talvez, se em vez de apenas cortar, se dedicassem a elaborar políticas coerentes relativas ao professorado e com o professorado, nossa situação seria bem diferente.

É verdade que a profissão não está isenta de problemas, alguns deles endêmicos. Existe uma crise global de identidade do magistério que vem sendo analisada há muito tempo e que poderia ser amenizada um pouco se a administração educacional tivesse um plano de longo prazo para a educação. Mas vimos que não é assim, que apenas são capazes de planejar de eleições em eleições. O que podemos fazer?

De um lado, temos uma formação que se move em um terreno escorregadio, que continua a seguir paradigmas obsoletos e diante de uma grande incerteza. De outro lado, seria preciso rever profundamente a formação inicial do professorado, levando em conta os atuais paradigmas de ensino e aprendizagem, e desenvolver uma nova identidade docente no século XXI. O que significa ser docente neste século? Se queremos aumentar a qualidade da educação, temos de aprender a mudar o currículo, as estruturas organizativas das escolas e as questões didáticas nas aulas. Não é suficiente dizer que é preciso ensinar por competências, que é preciso modificar o currículo e estruturar a escola de maneira diferente. É necessária uma profunda reflexão sobre um novo modelo de formação inicial do professorado que ajude a estabelecer um novo papel como agentes de mudança educacional, cultural e social. É preciso passar à ação.

E se nos aproximamos da prática de escolas e institutos de ensino médio, contrariamente à percepção de muitos professores e professoras, podemos observar que não existe uma diminuição da valorização social. O professorado em seu conjunto é valorizado, mas isso não é demonstrado. Melhorar as relações com a família, a comunidade e facilitar o trabalho e a melhoria do contexto (planos voltados para o bairro, trabalho comunitário, relações com entidades...) ajudaria a melhorar a educação dos cidadãos.

> Um dos argumentos para diminuir o orçamento educacional é que os cortes na educação que se propõem com a crise econômica não terão reflexos na qualidade do ensino. É fácil argumentar que cortar vagas de professores, aumentar o número de alunos por sala de aula, aumentar o trabalho do corpo docente, reduzir seus salários, cortar especialistas, diminuir o investimento em refeitórios, uniformes, transportes e serviços educacionais, reduzir quase a zero a formação docente... e todas as possíveis repercussões que surgem quando não se investe em educação levarão a uma queda da qualidade do ensino. Pensar o contrário é dizer que até agora tudo o que se investiu era excessivo e se fazia por fazer ou para contentar o professorado e não para situar a educação no lugar que ela merece no século XXI. Já a OCDE — o organismo onde os políticos às vezes sustentam suas diatribes contra o professorado quando lhes interessa — diz que a qualidade é garantir a todos os jovens a aquisição dos conhecimentos, capacidades, habilidades e atitudes necessárias para prepará-los para a vida adulta. Será possível continuar a agir como se fez até agora?
>
> E não apenas os relatórios internacionais, mas todos os especialistas em educação concordam que, para aumentar a qualidade no ensino, há vários elementos indispensáveis, e um deles são os recursos materiais disponíveis que agora ficam cada vez mais restritos; outro são os recursos humanos, ou seja, o professorado, que deve ter uma formação adequada e certo comprometimento e dedicação, além de ter uma proporção alunos/professor que lhes permita individualizar o ensino (agora está cada vez mais castigado e desmotivado). Outro é a equipe diretora e sua gestão, que são afetadas pelos cortes, já que não podem exercer bem sua tarefa. E, por último, são imprescindíveis questões pedagógicas como o tratamento da diversidade dos alunos, ter recursos educacionais etc.
>
> Como se pode pensar que os cortes em educação não afetarão as escolas, os institutos e as universidades?

Quantidade e qualidade, duas faces da mesma moeda

Se a quantidade em educação é importante, a qualidade é muito mais. Como dizíamos anteriormente, a quantidade não garante a melhoria da qualidade educacional. Talvez também deveríamos rever o papel das famílias nos hábitos culturais e de convivência, na disciplina, na regulamentação do lazer das crianças e dos adolescentes. É verdade, como indicam alguns relatórios, que houve um aumento da violência verbal e física nas escolas e contra os professores. É o que denominamos relações negativas com o professorado. Seria preciso realizar uma análise exaustiva sobre o que está ocorrendo, onde estão os problemas[5] e quais soluções podemos propor. E certamente a solução não está no tratamento que os professores oferecem nas escolas.

Talvez o problema não esteja na quantidade, embora um excesso de cortes não trará nenhum benefício para a educação; no máximo, e graças ao voluntarismo dos professores, teríamos de rever tantos elementos (as políticas públicas e sobre o professorado, sobretudo) que teríamos de pôr mãos à obra antes de o tempo nos mostrar a dificuldade de avançar, ou antes de ter um atraso tão grande que repercutiria na convivência social. Rever as condições pedagógicas, os conteúdos curriculares, a formação inicial e permanente, a maneira de ensinar, os edifícios inadequados, as estruturas organizacionais ultrapassadas (ou seja, todo esse arcabouço sistêmico que é a educação) talvez nos ajudasse a melhorar a qualidade e a estabelecer políticas e debates coerentes com a realidade do século XXI. Sem dúvida, a maioria deveria se dedicar a isso. A educação é tarefa de todos.

---

5. Não estão unicamente nas relações com os professores, mas são causa dos valores trabalhados na família, dos modelos sociais de alguns meios de comunicação, das normativas ou burocracias que impedem que se encontrem soluções coletivas.

Sempre houve *bullying* de crianças e adolescentes fora e dentro das escolas. A conflitividade escolar é uma dessas notícias que chama a atenção da opinião pública, que, por ser uma questão identificável na própria pessoa, é objeto das opiniões de especialistas e comentaristas, bem como de familiares e envolvidos. E nem sempre é possível concordar com as análises que eles fazem, uma vez que, embora toda visão da realidade seja parcial, certas opiniões concentram-se mais na busca de um culpado ou de culpados que em analisar a complexidade de um fato tão dramático. Como se denunciando essa culpabilidade nos meios de comunicação tivessem cumprido sua missão de informar. E que depois outros tratem de solucionar o problema.

Os argumentos da maioria de analistas convergiam para dois motivos principais: os professores não cumprem suas obrigações e os transtornos do comportamento ou da conduta estão aumentando entre os adolescentes até atingir níveis patológicos.

São dois argumentos diretos e simplistas para os quais, consequentemente, os que os expõem têm solução. Uma solução que passa pela formação do professorado, já que, ao que parece, os professores não estão preparados para enfrentar as novas realidades nas quais se move a adolescência. A outra solução é introduzir um novo tipo de profissional nas instituições educacionais ou que os adolescentes sejam submetidos a consultas médicas (físicas e mentais) mais constantes. Com um bom diagnóstico e um bom tratamento — defendem essas análises — evitaremos outras agressões. Não nego que essas medidas possam ser paliativas, que sejam eficazes em situações episódicas, mas não são a solução para a discrepância radical entre o que acontece nas escolas e a experiência vital dos adolescentes em suas relações entre si, com suas famílias e com seu meio social.

Não ouvi vozes, ou são muito discretas, que insistiram em um aspecto fundamental: é a análise do contexto em que esses adolescentes se desenvolvem. Entendamos aqui como contexto as relações familiares, as relações entre colegas, a influência dos valores televisivos, as novas formas de comunicação, os códigos de conduta implícitos nos *videogames*, a cultura dos cibercafés ou do *botellón** etc., e tantos outros fatores que influem na socialização dos adolescentes muito mais que o sistema educacional. Há tempo reivindicamos a necessidade de contar com o entorno, com todos os agentes sociais que nele intervêm. Se não for assim, pouco podem fazer os professores que, com seu esforço, tentam suprir o abandono da responsabilidade de outras instituições.

---

* Reunião de jovens que ocupam ruas e praças de Madrid e de outras cidades da Espanha à noite e de madrugada, consumindo grandes quantidades de bebidas alcoólicas. [N. da T.]

> Seria interessante ter acesso às análises da personalidade e da conduta dos responsáveis diretos pelas agressões; saber como são suas condições de amor, de carinho, afetividade, emoções, atitudes perante os outros (e incluo aqui seus pais); no outro prato da balança colocaríamos seu nível de agressividade, de individualismo exacerbado, competitividade inútil, falta de comunicação... Enfim, seria interessante dispor de uma avaliação dos padrões culturais que assimilaram (que lhes inoculamos).

A qualidade passa pelo compromisso com a transformação social e educacional

Para concluir, creio que, devido a tudo o que escrevi, é preciso aprofundar e apresentar uma perspectiva (neo)crítica da educação. Sob o guarda-chuva desta denominação se refugiam hoje aqueles que, a partir de uma análise sobre as diversas formas de desigualdade e opressão na escola e na sociedade, se dispõem à militância pedagógica e à ação solidária para desenvolver uma nova cultura profissional alternativa do professorado e uma nova prática educacional e social. Volta-se a tomar como referência (depois de tantas citações e reproduções das teorias de autores anglo-saxões dos últimos anos) o trabalho de Paulo Freire, que serve para analisar a falácia da neutralidade escolar, construir uma noção da educação mais politizada e desenvolver uma pedagogia da resistência, da esperança ou da possibilidade: a denúncia e o anúncio, dois processos inseparáveis que me lembram Paulo Freire. Temos de analisar as contradições e denunciá-las, mas também precisamos buscar alternativas de mudança (anúncio).

Também podemos recuperar as teses do marxismo cultural de Gramsci e da Escola de Frankfurt, assim como as de outros pensadores denominados neomarxistas. Não como um ato nostálgico e sim, como diz McLaren (1998, p. 102), com um pé solidamente fincado na tradição marxista e o outro pousado com alguma hesitação no radicalismo antimetafísico da filosofia pós-analítica, a pedagogia faz um exame de diversas dimensões da escolarização; se questiona como as escolas reproduzem os discursos, valores e privilégios das elites existentes.

ANTONIO GRAMSCI (1891-1937). Intelectual e ativista político, fundador do Partido Comunista italiano. Suas contribuições teóricas influenciariam fortemente a adaptação democrática do comunismo ocidental, que se produziu nos anos 1960 e 1970, o chamado eurocomunismo.

Para assumir alguma perspectiva crítica ou neocrítica em educação, contudo, temos de nos distanciar dos sociólogos da reprodução e de seus discípulos, já que estes analisam de modo excessivamente mecânico o funcionamento e a reprodução do sistema capitalista e, consequentemente, não percebem as contradições e as brechas deste para as lutas de resistência e os mecanismos de contrapoder. Também é preciso prestar atenção às teses de certa pedagogia (muito em moda atualmente) que se autointitula progressista, mas tem propostas muito etéreas e hesitantes sobre a escola e a sociedade democrática, bem como sobre o compromisso e o conteúdo da mudança do ensino e do professorado. Adere-se à moda com a linguagem, e nada além disso.

Não obstante, cabe constatar que tudo isso nos desorienta, porque, ao buscar alternativas, avançamos mais no terreno das ideias que no das práticas. McLaren (1998, p. 106) tem razão quando diz que a pedagogia ainda carece de uma base teórica e política a partir da qual os educadores possam se mover entre a crítica para uma formulação coletiva de metas recentes e novas estratégias destinadas a construir os imperativos de liberdade e democracia.

As novas experiências para uma escola atual deveriam buscar alternativas de um ensino mais participativo, em que o fiel protagonista histórico do monopólio do saber, o professor e a professora, compartilhe seu conhecimento com outras instâncias socializadoras que estejam fora do estabelecimento escolar. Voltemos ao velho lema de que "a união faz a força". A mudança deve ser levada a termo a partir do coletivo com a busca, em qualquer lugar, de novas alternativas para o ensino, a aprendizagem e a formação, tornando-os mais baseados no diálogo entre iguais e entre aqueles que têm algo a dizer a quem ensina e a quem aprende. Isso comporta uma nova maneira de ver a educação, a escola, o magistério e a formação docente. Nisso temos de estar todos e todas.

Trabalho individualista	Trabalho colaborativo
Não existe relação entre os objetivos que cada professor ou professora busca. Cada um faz seu trabalho.	Definem-se metas coletivas entre os membros da equipe.
Tudo depende de cada um.	O sucesso da tarefa depende de todos.
Os fracassos são vistos como falta de capacidade ou limitações pessoais.	Os fracassos são de todos.
A comunicação e a relação são relativas. A tolerância profissional é menor.	A comunicação, a relação, a tolerância e o respeito são imprescindíveis.
Pode haver competição e estratificação entre os docentes.	As reações de confronto são controladas e certos pontos de vista discrepantes são relativizados. Com menos competição, a eficácia da tarefa aumenta. A hierarquia se dilui.

E aqui termina este livro, que, mais do que ditar normativas e prescrições, pretendeu, de maneira muito humilde, fornecer elementos de reflexão para uma educação melhor ou diferente. É possível que haja poucas ideias, mas as que aqui estão foram repetidas muitas vezes, com o objetivo de ser didáticas. Por esse motivo, apresentei autores, textos, filmes e personagens que trouxeram elementos fundamentais em meu pensamento etc. Mostrei uma face mais reflexiva que acadêmica. Vamos esperar que alguma das reflexões expostas sirva para mudar um pouco o futuro da educação, do professorado e da formação; que tenha repercussões em benefício dos alunos e, portanto, de uma sociedade melhor, onde homens e mulheres sejam mais felizes e, sobretudo, mais livres.

REFERÊNCIAS

AGUADO, M. T. La educación intercultural: concepto, paradigmas y realizaciones. In: JIMÉNEZ FERNÁNDEZ, M. C. (Org.). *Lecturas de pedagogía diferencial*. Madrid: Dykinson, 1991.

APPLE, M. W. *Educar "como Dios manda"*: mercados, niveles, religión y desigualdad. Barcelona: Paidós, 2002.

ATKINSON, T.; CLAXTON, G. *El profesor intuitivo*. Barcelona: Octaedro, 2002.

CATTONAR, B. Les identités professionnelles enseignantes. Ebauche d'un cadre d'analyse. *Cahier de Recherche du GIRSEF*, Louvain-la-Neuve, n. 10, mar. 2001.

CROVI, D. *Educar en la era de las redes*. México: Unam-Sitesa, 2006.

DABAS, E. N. *Redes sociales, familias y escuela*. Buenos Aires: Paidós, 1998. (Col. Cuestiones de Educación.)

DEWEY, J. *Logic, the Theory of Inquiry*. New York: Henry Holt, 1938.

_____. *Cómo pensamos*. Barcelona: Paidós, 1998.

ELLIOTT, J. *La investigación-acción en educación*. Madrid: Morata, 1990.

ESTEVE, J. M. *La tercera revolución educativa*. Barcelona: Paidós, 2003.

FERNÁNDEZ ENGUITA, M. ¿Qué hay de nuevo bajo el sol? De las organizaciones y los grupos a las redes. *Cuadernos de Pedagogía*, n. 385, p. 12-19, dez. 2008.

FREIRE, P. Educación y participación comunitaria. In: CASTELLS, M. et al. *Nuevas perspectivas criticas en educación*. Barcelona: Paidós, 1994.

FREIRE, P. *Pedagogía de la autonomía*: saberes necesarios para la práctica educativa. México: Siglo XXI, 1997. [Edição brasileira: *Pedagogia da autonomia*: saberes necessários à prática educativa. Rio de Janeiro: Paz e Terra, 1997.]

FULLAN, M. *The meaning of educational change*. New York: Teachers College Press, 1982.

_____. *Las fuerzas del cambio*: explorando las profundidades de la reforma educativa. Madrid: Akal, 2002.

GARVIN, D. What does product quality really mean? *Sloan Management Review*, v. 26, n. 1, 1984, p. 25-33.

HABERMAS, J. *El discurso filosófico de la modernidad*. Madrid: Taurus, 1989.

_____. Morality, society and ethics: an interview with Torben Hviid Nielsen. *Acta Sociologica*, Copenhague, Universidade de Copenhague, v. 33, n. 2, p. 93-114, 1990.

HANNEMAN, R. A.; RIDDLE, M. *Introduction to social network methods*. Riverside: Universidad de California, 2005.

HARGREAVES, A. *Profesorado, cultura y postmodernidad (Cambian los tiempos, cambia el profesorado)*. Madrid: Morata, 1996.

HARSAIM, L.; STARR, R.; MURRIA, T.; TELES, L. *Redes de aprendizaje*: guía para la enseñanza y el aprendizaje en red. Barcelona: Gedisa, 2000.

HARVEY, L.; GREEN, D. Defining quality. *Assessment and Evaluation in Higher Education*, v. 18, n. 1, p. 9-34, 1993.

HEIFETZ, R. A. Adaptive work. In: GOETHALS, G. R.; SORENSON, G. J.; MACGREGOR BURNS, J. (Orgs.). *Encyclopedia of leadership*. New York: Sage, 2004.

LEWIN, K. Action research and minority problems. *Journal of Social Issues*, n. 2, 1946.

LÓPEZ-ARANGUREN, E.; GÓMEZ RODRÍGUEZ, C. *La retórica del cambio en las organizaciones*: un análisis aplicado. Madrid: Centro de Investigaciones Sociológicas, 1946.

MALGESINI, G.; JIMÉNEZ, C. *Guía de conceptos sobre migraciones, racismo e interculturalidad*. Madrid: La Cueva del Oso, 1997.

McLAREN, P. La postmodernidad y la muerte de la política: un indulto brasileño. In: _____; GIROUX, H. *Sociedad, cultura y educación*. Madrid: Miño y Dávila Editores, 1998.

MORIN, E. *La mente bien ordenada*. Barcelona: Seix Barral, 2000.

PÉREZ, A.; ANGULO, F.; BARQUÍN, J. (Orgs.). *Teoría, políticas y práctica de la formación del profesorado*. Madrid: Akal, 1999.

PERRENOUD, P. *Diez nuevas competencias para enseñar*. Barcelona: Graó, 2004.

_____. *Desarrollar la práctica reflexiva en el oficio de enseñar*. Barcelona: Graó, 2005.

PRENSKY, M. *Enseñar a nativos digitales*. Madrid: Editorial SM, 2012.

SALES, A.; GARCÍA, R. *Programas de educación intercultural*. Bilbao: Desclée de Brouwer, 1997.

SCHMIDT, H.; MOUST, J. Factors Affecting Small Group Tutorial Learning: A Review of Research. In: EVENSON, D.; HMELO, C. (Orgs.). *Problem-based learning*: a research perspective on learning interactions. London: Lawrence Erlbaum Associates, 2000.

SCHEIN, E. *Organizational culture and leadership*. 3. ed. San Francisco: Jossey Bass, 2004.

TAMAYO-ACOSTA, J. J. *Nuevo paradigma teológico*. Madrid: Trotta, 2004.

TEDESCO, J. C. Nuevas estrategias de cambio educativo en América Latina. *Proyecto Principal de Educación en América Latina y el Caribe*, Santiago de Chile, n. 28, ago. 1992. Disponível em: <http://unesdoc.unesco.org/images/0009/000928/092862s.pdf>. Acesso em: 20 out. 2015.

_____. *Educar en la sociedad del conocimiento*. México: Fondo de Cultura Económica, 2000.

TOM, A. *Teaching as a moral craft*. New York: Longman, 1984.

TORRES, J. *La desmotivación del profesorado*. Madrid: Morata, 2006.

TRILLA, J. (Org.). *El legado pedagógico del siglo XX para la escuela del siglo XXI*. Barcelona: Graó, 2001.

VV.AA. *Transformando la escuela*: las comunidades de aprendizaje. Barcelona: Graó/Laboratorio Educativo, 2006.

WENGER, E. *Comunidades de práctica*: aprendizaje, significado e identidad. Barcelona: Paidós, 2001.

ZABALA, A. *Enfoque globalizador y pensamiento complejo*. Barcelona: Graó, 1999.

LEIA TAMBÉM

INOVAR O ENSINO E A APRENDIZAGEM NA UNIVERSIDADE
Coleção Questões da Nossa Época - vol. 40

Francisco Imbernón	
128 págs.	1ª edição (2012)
ISBN 978-85-249-1863-6	

Este livro tem como objetivo aprimorar o ensino a fim de que os alunos aprendam mais e melhor. Nesse sentido, é essencial transformar o modo de ensinar na universidade. A obra apresenta elementos para melhorar o que se pretende ensinar, como fazer e o que se quer que os alunos aprendam.

LEIA TAMBÉM

FORMAÇÃO PERMANENTE DO PROFESSORADO: novas tendências

Francisco Imbernón	
120 págs.	1ª edição - 3ª reimpressão (2015)
ISBN 978-85-249-1494-2	

    Este livro desenvolve um conceito novo de formação permanente do professorado, baseado num clima de colaboração, em uma organização escolar minimamente estável, capaz de apoiar a formação, e na aceitação da diversidade entre os professores. Uma diversidade que exige uma contextualização.